雁阵文化的理念与实践

钟荣岳 范智娟 主编

谨以此书
向中国共产党百年华诞献礼

中山大学出版社
SUN YAT-SEN UNIVERSITY PRESS
·广州·

版权所有　翻印必究

图书在版编目（CIP）数据

雁阵文化的理念与实践/钟荣岳，范智娟主编.—广州：中山大学出版社，2021.7

ISBN 978-7-306-07195-8

Ⅰ.①雁…　Ⅱ.①钟…②范…　Ⅲ.①中小学教育—教育研究　Ⅳ.①G632

中国版本图书馆 CIP 数据核字（2021）第 071766 号

出 版 人：	王天琪
策划编辑：	钟永源
责任编辑：	钟永源
书名题字：	顾明远
封面设计：	林绵华　君艺豪
责任校对：	王　璞
责任技编：	何雅涛
出版发行：	中山大学出版社
电　　话：	编辑部 020-84111996，84113349，84111997，84110779
	发行部 020-84111998，84111981，84111160
地　　址：	广州市新港西路 135 号
邮　　编：	510275　传　真：020-84036565
网　　址：	http://www.zsup.com.cn　E-mail：zdcbs@mail.sysu.edu.cn
印 刷 者：	佛山家联印刷有限公司
规　　格：	880mm×1230mm　1/32　9.5 印张　246 千字
版次印次：	2021 年 7 月第 1 版　2021 年 7 月第 1 次印刷
定　　价：	48.00 元

如发现本书因印装质量影响阅读，请与出版社发行部联系调换

序

广州市名校长工作室主持人钟荣岳主编了一本书，书名叫《雁阵文化的理念与实践》。我问他："什么叫雁阵文化？"回答是："雁阵比喻活泼，遵守纪律，有秩序；形容人多，心往一处想，共同朝一个方向走去"，"雁阵文化强调积极地缔造最优秀的团队，帮助企业、团队、单位、家庭打造最伟大最有执行力的团队"。我懂了，名校长工作室就是培养雁阵的领头雁，引领学校师生，向着高质量教育的方向前进。

我觉得"雁阵"这个比喻很好。学校办得好不好，关键是校长能否领导一支教师团队，贯彻党的教育方针，培养德智体美劳全面发展的人才。校长就是领头雁，他要带领教师团队飞往正确的方向。钟荣岳曾经是广州市白云中学的领头雁，带领全校教师把白云中学从市一级学校发展为现在的广东省一级学校，走上了高水平的特色发展之路。现在，他又在白云区从事培养领头雁的工作。他用雁阵文化的教育理念，在名校长工作室所在的学校，在学校管理、教师教学工作中积极实践，推动学校的发展，提升学校的办学水平。他将多年来取得的丰富经验，汇集成册出版，可喜可贺。

十年前，我曾为广州市白云中学题写校名，欣闻学校在钟校长的带领下雁阵高空飞翔，发展迅速，办学水平和教育质量不断提升，备感欣慰。希望广州市名校长工作室在"雁阵文化"教育理念的指导下，向着实现第二个一百年奋斗目标，飞向新的征程，谱写新的篇章。

2021 年 2 月 23 日

（顾明远，现任教育部社会科学委员会副主任、北京师范大学教育学部顾问等职。曾任中国教育学会会长，北京师范大学副校长、研究生院院长、教育管理学院院长，国务院学科评议组教育学科组组长等职。）

前　言

广州市钟荣岳名校长工作室工作的宗旨是根据广州市教育局穗教师资〔2012〕《关于印发广州市名校长工作室、名师工作室和特级教师工作室工作意见的通知》及市教育局相关的指导意见，通过积极组织开展活动，充分发挥工作室主持人的示范引领和辐射带动作用，构建交流学习的平台，调动工作室成员的积极性，提高工作室成员的专业素养和业务能力，加速工作室成员的成长，让他们在各自的岗位上发挥积极作用，为推动教育事业的发展做出更大的贡献。

本工作室成立于 2018 年 6 月（原计划 3 年为一个工作周期，因受疫情影响延长 1 年）。本书记载了在主持人钟荣岳的带领下，工作室全体成员 3 年多以来取得的工作成果，内容涉及学校管理、教育教学经验与反思、师资培训、课题研究、发表论文等多个领域。在整个工作、学习过程中，我们有着不一样的感受，水平不断提高。

本工作室建立并开展活动的这几年，是工作室主持人钟荣岳校长带领白云中学这所由白云师范学校改制而成的公办高中，办学规模不断扩大，办学水平稳步快速提升，教师队伍素质不断提高，实现由广东省一级学校成为广州市示范性高中的跨越式发展过程。目前，白云中学拥有正高级教师 3 人，特级教师 2 人，区级以上名师工作室 11 个（其中，省名师工作室 1 个、市名校长工作室 1 个、市名师工作室 2 个、区名校长工作室 2 个、区名师工作室 4 个、区名班主任工作室 1 个）。此外，还建立了校级名师工作室 4 个、市教育专家培养对象工作室 2 个、市名师培养对象工作室 2 个。参加区级以上工作室学习的教师共有 89 人。

本工作室建立并开展活动的几年来，是工作室全体成员在各自岗位的努力下，获得专业成长和事业发展的过程。在这过程中想要达到的目标是：在工作室主持人钟荣岳校长倡导的"雁阵文化"教育理念引领下和具体工作的指导下，由来自白云区不同学校的校长组成的工作室全体成员，齐心协力，坚持理论联系实际的优良学风，努力学习钻研教育理论，把工作室的学习收获应用到各自学校改革与发展的实践中去，创造了丰富的业绩，为白云区乃至广州市的教育事业发展做出了积极的贡献。同时，工作室的工作为城乡接合部，也为农村地区中小学校长队伍的建设与发展提供了成功的经验。

在本工作室的建设和发展过程中，得到了华南师范大学校长培训中心、广州市教育评估和教师继续教育指导中心以及同行专家教授的指导，得到了白云区教育局及白云中学的大力支持。本书的编辑出版，得到了中山大学出版社以及广州市教育局教研室原主任黄宪、广州市执信中学原校长刘仕森等名家的悉心指导，非常荣幸地邀请到中国教育学会原会长、名誉会长顾明远教授为本书作序并题写书名。工作室主持人和工作室全体成员对此表示衷心的感谢！同时衷心感谢指导、帮助、支持本工作室工作的相关人员！

因编者水平有限，本书难免存在不妥之处，敬请读者谅解并提出批评意见，以便日臻完善。

编　者

2021 年 3 月

附：广州市名校长工作室钟荣岳及其成员简介

工作室主持人钟荣岳，男，1959年10月生，中共党员，本科学历，硕士学位，物理中学高级教师，任校长20年。曾在广州市第八十中学、广州市白云中学任校长，白云区教育督导室创建市示范性高中专项负责人，有丰富的学校管理经验。曾获"广州市优秀教育工作者"和"首届全国中学百名优秀明星校长"等多项荣誉称号，曾任中国管理科学研究院特约研究员、中国教育管理学会理事、广东教育学会理事、广州大学教师培训学院兼职教授、广州市教育评估员、广州市普通高中教学水平评估员。现任广东教育督导学会第三届基础教育专业委员会委员、广东省省级教育评估候选人（专家库成员）。曾主持多项国家、省、市级课题，发表论文30多篇。

工作室成员：

（1）范智娟，女，1976年10月生，中共党员，本科学历，中学数学高级教师，白云区嘉禾中学校长，白云区名校长工作室主持人。曾任白云区教育发展中心副主任，有丰富的学校管理和教学经验，曾获"广州市优秀教师"等多项荣誉称号。现为肇庆学院兼职教授及广州市中学卓越校长培养对象。2021年5月，入选广东省中小学"百千万人才培养工程"省级初中名校长培养学员。发表论文10多篇。

（2）胡蓉，女，1974年3月生，中共党员，硕士学历，英语一级教师，曾任白云区东平学校校长，现任广东省一级学校白云区握山小学校长，有丰富的中小学校管理经验。曾获"广州市优秀教育工作者"等多项荣誉称号，现任广州市教育学会教育政策专业委员会副理事长、白云区人民政府督学。

（3）张宝富，男，1975年4月生，中共党员，学士学位，中学政治高级教师，白云区同和中学副校长，基层学校管理经验丰富，曾获白云区政府嘉奖，曾参与、主持多项区级、市级、省级课题和相关项目。

（4）谭家在，男，1973年7月生，中共党员，本科学历，白云区穗丰学校副校长，中学语文高级教师，广东教育学会教育管理专业委员会理事。有较丰富的教育教学管理经验，曾获"广州市优秀教师"等多项荣誉称号，曾主持多项区级、市级课题。

（5）苏华强，男，1966年8月生，中共党员，本科学历，中学数学一级教师，曾在白云区金沙中学、石井中学、南粤中学任副校长，曾获"广州市优秀教师"等多项荣誉称号。坚持教学第一线，有丰富的教育教学管理经验。

（6）梁镜波，男，1971年9月生，中共党员，本科学历，广州市第六十七中学副校长，物理中学高级教师，曾获"广东省南粤教书育人优秀教师"等多项荣誉称号。

（7）陈伟权，男，1980年12月生，中共党员，本科学历，白云区竹料第一中学副校长，中学数学一级教师，曾获"广州市优秀教师"等多项荣誉称号，曾参加广州市卓越校长培训，于2019年5月被派往英德市扶贫。

目 录

学校管理篇

关于雁阵文化的理念与实践的思考 ………………… 钟荣岳（2）
办好学校之我见 …………………………………… 钟荣岳（8）
推进广州市示范性高中建设走内涵发展之路
　　　　　　　　　　　　　　　　钟荣岳　林咨雯（16）
雁阵文化泽四方，翱翔白云育嘉禾 …………… 范智娟（28）
分析在班级文化建设中提高学生发展核心素养的若干细节
　　——基于义务教育阶段的学校管理 … 陈伟权　叶燕芳（31）
基于至善教育的学校管理初探 ………………… 梁镜波（40）
基于以德育人探讨中小学和谐校园文化的建设要点
　　………………………………………………… 苏华强（46）
试谈特色学校的建设
　　——以广州市白云区××中学为例 ………… 范智娟（54）

教育教学经验与反思篇

网络环境下互动式校本研修的实践研究 ……… 钟荣岳（68）
成长相对缓慢学生的成因及应对 ……………… 张宝富（81）
论在教学中培养学生积极学习情感的实践探索
　　………………………………………… 陈伟权　叶燕芳（88）
以初中数学"分式方程"为例，浅谈学生高阶思维
　　能力的培养 …………………………………… 苏华强（97）
初中语文教育中培养学生核心素养的探索 …… 谭家在（105）

浅谈启发式教学思想在思想品德课堂教学中的应用
……………………………………………………… 张宝富（115）
小学教师职业幸福感与专业成长途径的关系研究
……………………………………………………… 胡　蓉（125）

课题研究篇

外来务工人员子女优秀道德品质的培养与研究
　　成果报告 ………………………………… 范智娟（136）
学生综合素质评价体系研究结题报告 ………… 张宝富（149）
基于学生核心素养的教师专业发展研究结题报告
……………………………………………………… 范智娟（183）
"阳光评价"改革与减轻学业负担研究结题报告
……………………………………………………… 范智娟（215）
"绿善教育"特色课程的开发与实践研究结题报告
……………………………………………………… 谭家在（242）

师资培训篇

基于学生核心素养的教师专业发展 …………… 范智娟（260）
新建九年一贯制学校的发展策略探究
　　——以广州市白云区东平学校为例 … 胡　蓉　李柯柯（266）
核心素养下初中数学教学中学生归纳意识的
　　有效培养 ………………………………… 苏华强（272）

附录　广州市钟荣岳名校长工作室工作方案 …… 钟荣岳（280）

学校管理篇

关于雁阵文化的理念与实践的思考

钟荣岳

对雁阵文化的理念的感悟与实践,是我 20 多年来在校长岗位上逐步形成的。我长期在农村学校工作,对农村学校与城区学校的先天差距感受良多,对农村学校破茧化蝶与凤凰涅槃之艰辛更是体会颇深。2007 年 8 月,我从广州市第八十中学(现广州市大同中学)校长调任广州市白云中学校长,当时白云区教育局领导给我最大的任务是把白云中学办成广东省一级学校,并于 2008 年写入区政府工作报告。如何创办省一级学校?我不断思考、总结和反思在八十中的成功经验与教训,其中,主要经验有:学校要有活力,师生遵守纪律,行为规范有秩序,有优秀的团队,大家心往一处、行动一致,朝着共同的目标前进。我认识到:一个成功的领军人才,应该能带动一个团队,能催生"以才引才、以才聚才、以才育才"的聚集效应和裂变效应;一所好学校必须打造名师工程,建立动力系统,走可持续发展之路。在看书学习的过程中,我发现这些经验特征与雁阵极其相似,因此,在心中逐渐形成了雁阵文化的理念,并在学校管理中积极践行。例如,加强教师队伍建设,培养师生奋发向上的精神和敢于担当的勇气,构建和谐团队,实施规范、科学管理,营造学校优良的人文环境及凝聚力;大力推行素质教育,重视体育、艺术、创客(创新)科技教育特色的形成。学校从水荫路搬迁到金沙洲新校址、创建省一级学校、建设广州市示范性高中的过程中,成效越来越明显,在实践中越来越坚信只有建立优秀的团队,才能形成鲜明特色并不断创新发展的雁群效应。于是,雁阵文化在我心中扎下了根。

一、何为雁阵文化

通俗而言，雁阵意为群雁飞行时排列整齐的行列队形。比喻整齐，遵守纪律，有秩序；形容人多，心往一处，行动一致，朝着一个方向走去。古人对雁阵有过不少的描述："雁阵惊寒，声断衡阳之浦"（唐代王勃《滕王阁序》）；"雨霁鸡栖早，风高雁阵斜"（宋代陆游《幽居》）；"千里，关塞远，雁阵不来，犹把阑干倚"（金朝王特起《喜迁莺》）；"只缘花底莺鸣巧，致令天边雁阵分"（清代李绿园《歧路灯》）；"一天晓月残星，满耳蛩声雁阵。"（《儿女英雄传》第四回）……

雁阵文化强调积极缔造最优秀的团队，帮助企业、团队、单位、家庭打造最伟大最有执行力的团队。雁阵文化强调共同追求有价值的目标，帮助团队每个成员明确长远的发展方向；雁阵文化帮助团队每个成员树立一定要成功的信仰和决心，排除万难，争取胜利；雁阵文化坚持永远正面的鼓励，整个团队只发出一种"加油"的声音，没有抱怨，奋勇前行，积极创新；雁阵文化弘扬团队精神，保持永远不乱的团队秩序，帮助每个团队成员遵守规则，持之以恒；雁阵文化激发团队成员百分之百负责的责任心，同时要有主观能动的积极性，要有主动进取精神，实现团队力量最大化，超级默契的配合，实现团队最大效率；雁阵文化倡导全力以赴协助同伴，确保团队每个成员永不掉队；雁阵文化帮助每个成员有能力、有信心，在团队的配合下，能独立思考，独立完成个人目标，并实现团队的整体目标。

根据实际情况，我将雁阵文化迁移、渗透到学校管理和教育教学工作以及名校长工作室的实践中，形成雁阵教育理念，彰显雁阵文化，旨在获取更丰硕的成果。

二、雁阵文化的愿景

让校长成为师生的影子（如影随形），让学校变成师生的乐园，热爱学校，犹如生活在温暖的家庭里；师生具有团队精神和奋发向上精神，不断创新发展，争当领头雁；关心每一位学生的成长，不让一个学生掉队，让教育理念更加真实自然，将责任、担当意识内化在行为上，形成雁阵群体，让师生具有雁阵文化的特征。

三、雁阵文化的践行与传播

作为广州市名校长工作室主持人，工作室的成员包括来自不同学校的校长。我觉得不仅学校是一个雁阵，工作室也相当于一个雁阵，把雁阵文化作为工作室的研究主题，共同探讨雁阵文化实践应用之道。

第一，通过名校长工作室搭建校长交流学习的平台，在动态中列阵翱翔，促使工作室成员成为研究型、专家型校长或优秀的学校管理者，适应新时代中国特色社会主义学校办学和发展的要求。

第二，通过学习研究实践共同体的建设，彰显名校长工作室成员所在学校的办学特色，提升学校办学内涵。

第三，以名校长工作室成员学校的办学理念和实践为主线，进行广泛的有碰撞、有启发的交流研讨，以互相启发，相互借鉴，共同提高。

第四，以开展课题研究为切入口，工作室申报市级课题研究，并完成有较高质量的研究报告、专业论文或专著，力求做好"三个结合"：课题研究与有针对性地解决问题，促进学校特色发展相结合；课题研究与提高成员学校办学水平相结合；课题研究与提升工作室成员专业素养、领导水平相结合。

第五，以充分发挥名校长的引领、示范、辐射作用为助力，通过组织工作室成员开展专题讲座、课题研究、交流研讨等形式，促进成员的专业成长，促进成员学校的健康持续发展。

四、雁阵文化的实施策略

在雁阵文化实施的过程中，基本采用两个层次的策略。

一是领头雁培育策略，即培养学科、级组、班主任带头人，通过网上继续教育、校本研修、"走出去，请进来"、微课比赛、送教送训等多种途径，打造名师工程，让领头人起引领、示范、辐射作用。

二是雁阵主体发展策略，让绝大多数教师紧跟领头人，激发奋发向上的精神，主动形成团结和谐有序的群体，对于基础薄弱、思想更新较慢的极少数教师，让其紧跟雁阵不掉队，给其动力，让其见贤思齐，奋勇前进。

五、雁阵文化的理念与实践取得了显著的成效

一是提高了学校的办学水平。2012年1月，广州市白云中学成为省一级学校；2017年10月，学校顺利通过了广州市示范性普通高中的认定。

二是教育教学质量不断提升。2014—2015年，学校荣获广州市高中毕业班工作一等奖，表现出强劲的工作能力，市、区教研室教研员及专家到校听课的评价优秀率不断提高；在"一课一名师"活动中，学校60多位教师参加"晒课"，是全区"晒课"人数最多的学校，其中，获省优秀课1人、市优秀课6人。

三是名师工程成效显著。学校现有正高级教师3人，特级教师2人，广州市基础教育系统"百千万人才培养工程"教育专家1人，培养对象2人，名教师培养对象6人，广州市骨干教师10人，白云区名教师和青年骨干教师5人，广州市名班主任2人，

学校现有省、市、区名校长、名教师、名班主任工作室 11 个。

四是创客（创新）科技活动成效显著。从 2014 年获得全国中学生创客竞赛一等奖以来，学校获多项全国、省、市中学生创客（创新）科技竞赛一等奖，位列广州市的前列、白云区的龙头。

六、雁阵文化实践值得推广的经验

一是从雁阵文化理念出发，抓好团队建设。师生表现出你追我赶、目标明确、奋发向上、不甘落后、见贤思齐的精神风貌。2017 年在广州市示范性普通高中认定会上，专家组对白云中学做出这样的评价："白云中学办学理念先进，学校工作有条不紊，师生精神面貌、校容校貌有了很大的变化，办学水平不断提高。"

二是重视领头雁的作用。我们发挥名教师、科级组长等领头雁的示范、引领作用，打造雁阵团队。在做法上，各项业务学习、科组活动定时间、定专题、定内容、定主讲，开展师徒结对活动，以科组为基本单位构建学习型学校，借助专家来校指导、培训、外出学习考察等，扩大视野，总结经验；在评价方面，学校工作绩效评估中，包括质量评价和管理评价，评先、评优等以集体评价为主，个人与集体相结合，形成内外结合的动力系统。

三是各雁阵定好方向和目标，促进高质量的形成。白云中学建立了以级组长为核心的级组负责制，以科组（备课组）长为核心的科组（备课组）负责制，以班主任为核心的行政班负责制，形成了各个雁阵，学校统一指挥协调，取得了显著的效果，2013 年和 2014 年学校均荣获广州市高中毕业班工作一等奖，学校教学质量不断提高。

四是确保雁阵沿着正确方向前进，不断增添活力。大力推行素质教育，抓好创客（创新）及体育、艺术教学工作，充分发挥每一位师生的潜能，为学校全面贯彻党的教育方针，坚持五育并举，落实立德树人的教育根本任务增添活力。

七、雁阵文化健行四方，翱翔白云

在雁阵文化实践中，其影响力从广州市白云中学辐射到名校长工作室的其他成员学校，广州市白云区嘉禾中学更是在学校管理中充分诠释了雁阵文化的内蕴。近几年重视领头雁培养，教师团队青蓝结对，共学并进，现有市、区骨干教师32人，占全校教师的45%，打造出一支能力强、素质高的雁阵团队；队伍有了，雁阵根据校情和学情，不断创新发展。本校贯彻新发展理念，大力推进、落实"健康、阅读和数学"三大育人工程和"一校一品一特色"项目等重点工作，构建德智体美劳全面发展的教育体系，通过开展艺术节活动以及书法、电脑绘画、舞狮、足球等特色课程，全面提升学生的综合素养，为学生的可持续发展奠定坚实的基础。在创新发展中，数学工程尤为出彩。近几年来，该校不断推进"数学分层走班教学"模式后，厚积薄发，愈趋完善，效果显著，在2020学年更是加强引领作用，将此经验推广到"广清帮扶"的英德市。在数学工程取得成绩后，该校继续发挥雁阵文化理念，将其延伸到物理、化学等学科，努力探索和推进课堂教学改革；天道酬勤，该校在推进实践雁阵文化的基础上，学校工作步步提升，效果明显。学校获得"全国青少年足球特色学校""白云区义务教育阶段特色学校""广州市依法治校示范校""白云区先进家长学校""广州市安全文明校园""广州市健康学校""白云区心理健康教育示范校""广东省绿色学校"等荣誉称号，还获得白云区教学质量奖和白云区初中毕业班工作二等奖。雁阵文化健行四方，沃土之上耕耘不辍，硕果飘香于白云大地。

办好学校之我见

广州市白云中学 钟荣岳

一、了解所在学校的历史和周边环境及招生范围

以广州市白云中学为例。

（一）学校历史

广州市白云中学（以下简称"白云中学"或"我校"）的前身是创办于 1960 年的江村师范学校，后又陆续改称广州市郊区农职师范学校、广州市郊区师范学校、广州市白云区师范学校等；1999 年转制办高中，更名为广州市白云中学。2010 年 9 月，学校从水荫路搬迁到现今的金沙洲校区。

白云中学 2004 年成为广州市一级学校，2012 年 1 月成为广东省一级学校，2017 年 12 月成为广州市示范性普通高中。

（二）周边环境

白云中学地处金沙洲，行政村有沙贝村和横沙村。此地有重要人物：陈子壮（明朝探花，现有陈子壮纪念馆，是广州市爱国主义教育基地），招子庸（当时广东十大画家之一，擅长画蟹，越秀山镇海楼有其作品）。

（三）招生范围

大部分在白云区，小部分在全市。

二、我心目中的好学校

我参观考察过几十所名校，结合自己的工作经历和体会，我

认为，一所好学校要具备"六好"：好的社会声誉、好的校长、好的教师、好的质量、好的管理、好的学校文化。

（一）好的社会声誉

好学校在社会中有良好的形象，办学水平高，有鲜明的办学特色，美誉度高。在群众心目中，好学校要有名校长、名教师、名文化、名学生。

（二）好的校长

校长是学校的灵魂。教育界流行着这样一句名言："有一个好校长，就有一所好学校。"好校长要有较强的人格力、学术力、行政力、凝聚力、决策力、号召力，还要有先进的教育理念。我被调到白云中学任校长后，经师生酝酿，确定了"培养可持续发展的现代人"的办学理念、"健全人格，发展个性"的教育模式，走"水平加特色"办学之路。我提出了"宝塔式站位思考问题原理"，扩大视野，倡导全方位、角色互换看问题、研究问题，得到了广大师生的认可，并起到了很好的引导作用。学校的办学理念得到了广大师生的认同和教育专家以及各级领导的高度肯定。我任校长20多年来，坚持严谨治学，教书育人，率先垂范。我深入一线备课、听课、评课，我倡导并逐步形成了学校"科研先导，因材施教，分层教学"的教学模式，坚持科研先导，用理论指导实践。任校长以来，我发表论文30多篇，主持课题20多项。多年来，我不断学习、实践，朝专家型校长的方向努力，取得了好成绩。

（三）好的教师

邓小平同志指出"办好学校关键在教师"。梅贻琦先生曾说："所谓大学者，非谓有大楼之谓也，有大师之谓也。"这些都是办校的至理名言。我任校长期间，非常重视培养师德高尚、业务精良的教师队伍，坚持以"校本培训"为主，"走出去、请进来"相结合的培养模式，培养了一批又一批骨干教师、名教师、校级领导，给学校可持续发展注入活力。如在广州市第八十中学任职期间，学校连续5年获得广州市毕业班工作一等奖；自2007年至今，在白云中学任职，教育教学质量年年攀升，广州市毕业班工作评比从2008年的第106位上升到2014年的第31位，并荣获市一等奖、区特等奖。这些成绩的取得，离不开好的教师队伍。

（四）好的质量

质量是学校发展的生命线。我校全面积极推行素质教育，以教书育人为目标，科学统筹学习时空、生活时空、活动时空，让学生在德、智、体、美、劳、心理、交往方面和谐发展，可持续发展。近几年，在学校迁址、规模从教学班18个扩大到36个班的情况下，学校教育教学质量节节攀升，2012年1月学校成为广东省一级学校，2013年、2014年荣获广州市毕业班工作一等奖、白云区特等奖，体现出较高的教学质量和强劲的工作能力。

（五）好的管理

学校管理，人的要素是首要的。因此，在学校管理中，我坚持以人为本的管理理念，做到规范严明、各司其职、各负其责、团结和谐、工作落实。一所好学校，必须抓好规范管理、民主管理、目标管理、评价管理、层级管理、信息管理，我提出并积极推行"说明问题讲数据，工作过程讲依据，先进的东西要占据"的"三据"工作原则。多年来，学校管理井然有序、优质高效，校园安全文明（广州市示范性高中视导组组长对学校的评价）。

（六）好的学校文化

学校文化是引导人、激励人的一种内在动力。好的学校文化能给师生强烈的认同感与归属感，师生有奋发向上的精神风貌，能推动办学水平的提升。通过长期实践，我校形成了优良的物质文化、制度文化、精神文化，初步形成了以雅致精神为核心的良好的学校文化。每逢教师节、体育节、文化节等节日，众多毕业生回校探望老师，并不断传承，师生和谐，有着良好的人文文化氛围。

实践证明，我心目中的好学校的"六好"是正确的，具有普遍的时代意义。

三、怎样办好一所学校

（一）确立这所学校的办学理念

办学理念是指人们对自己学校的觉性、定位及职能的认识，即要把这所学校办成什么样的学校，怎样办成这样的学校。学校办学理念给人们的启示是：给学校一个发展的远景，源于对社会发展的科学分析，去寻找各自不同的切入点，在历史的继承中与时俱进。其意义在于：理念是共同拥有的价值观，有理念才有方向感，才有目标性；有理念才有准绳，才有标准。

明确办学定位（定位决定地位，思路决定出路）。例如，白云中学在迁址金沙洲之前，在学校五年发展规划中，定位为具有现代教育灵魂、特色显著的高水平的广东省一级学校，瞄准示范性高中这个目标。在各级党委、政府的关心支持下，目标达到了。

(二) 科学管理

凡是经过反复实践,证明能够提高功效,符合客观规律的管理,就是科学管理。

影响办学质量的因素很多,但主要是学校管理水平、教育教学水平、设施设备水平。其中,学校管理水平是关键。

学校管理包括规范管理、民主管理、目标管理、人事管理、评价管理、信息管理、后勤管理。

学校运作过程构成了一个人—人—人系统,接收的对象是人,工作的对象是人,培养出来的也是人,所以在诸管理要素中,人的因素是第一位的,校长始终要把培养人作为学校建设的核心,大力发展素质教育,促进师生"全面和谐主动发展"。什么是素质教育?我认为,能够让学生在德、智、体、美、劳、心理、交往诸方面全面发展、和谐发展、可持续发展,学生潜能得到充分发挥,师生有创新精神的教育就是素质教育。

校长工作千头万绪,但要抓好 5 件事——抓思想、抓方向、抓大事、抓特色、抓关键,做到大中有小,粗中有细,并了解教师的个性与特长,善于发现人才,发挥人才的作用。

校长应懂得,他首先是教育思想的领导,其次才是行政上的领导。一所学校所采用的管理方法与艺术、组织机构与制度之所以能取得成效,完全得益于在其背后作为推动力的办学宗旨(办学理念)。我认为要管好人,必须在"法""德""情""学""薪""境""新"七字上下功夫。

1. 以法为纲,依法治校

这是治校的基础。校长要懂法、守法,要遵守《中华人民共和国宪法》,其他与学校有关的法律、法规、规章及规范文件,也涉及民法、刑法、行政法等。贯彻教育方针,推行素质教育,落实国家课程,保证开齐开足课程,坚持立德树人。

依法治校可细化为学校各部门的职责，主要在德育、教学、后勤、服务各方面要依法管理。在管理的过程中，校长必须依法治校；注重法制宣传，内外结合，如聘请法制副校长；加强规章制度建设；以身作则，率先垂范；依章办事，奖罚分明。

2. 以法立校，以德兴校

这是治校的根本。校长要不断加强自身修养，提高政治素质和思想道德素质，以身作则，做师生的模范，加强政治思想工作，以德服人，以德育人。要加强师德和世界观、人生观、价值观的教育。政治思想工作不能太笼统抽象，要具体化，贴近生活，有具体目标。例如，我提出人生发展"七子"观点："面子"，有自己的事业，有教师自己的形象，内强素质，外树形象，真心待人，与人和谐共处，得到别人的尊重，有健康的身体来支撑繁重的工作；"票子"，金钱不能随手得来，要付出劳动，多劳多得，优劳多得，引入竞争机制，倡导奉献精神，校长要开源节流，为教师争取更多的福利待遇，要以待遇留人；"房子"，要有自己的房子，积极想办法帮助教师解决住房问题，才能安居乐业；"妻子（夫子）"，关心教职工的终身大事，使其成家立业，有幸福的家庭，适应人生发展规律，更好地建功立业；"孩子"，培育好接班人，孩子是家庭和祖国的未来、可持续发展的保障，要积极为教职工解决后顾之忧，如帮助教职工孩子解决入学问题；"车子"，让教师提速，赶上现代人的生活节奏，扩大视野，融入社会，拓展思维，不断提高生活质量，成为具有时代灵魂的教师；"身子"，这是人生发展最重要的条件，是做好工作的前提，要开展有益于师生身心健康的活动。通过"七子"的驱动，作为以德兴校，也是一种好途径。

3. 校长与教师建立亲密的情感

这是治校的活力。校长要让教师为情所感，热情洋溢、积极主动地投身于学校工作，以达到以情鼓舞人、以情凝聚人的目的。在教师、干部队伍中形成互相尊重、互相支持、团结协作的人际关系，建立良好的人文环境，构建和谐、安全的校园环境，真正体现以人为本、与人为善的教育管理理念。校长和教师成为好朋友。

4. 以学治学，以学兴校

这是治校的保证。学校是学习的地方，校长是组织指挥学习的人，其自身的学习问题就尤为重要。一是要具备良好的学习习惯和自我学习的能力，以自己的学习精神来带动教职工，不断完善提高自己的知识结构。二是在学习策略上，既要学好基础理论，又要有的放矢，学以致用，把握时代脉搏。最重要的内容应该是培养自己驾驭复杂局面的大智大德，提高自己分析和解决战略性、全局性、前瞻性问题的能力。例如，把学校办成什么水平的学校？怎样确定学校的办学特色？又如学校、科组、个人选择科研项目，形成科研系列，建立健全组织机构，结合科研的组织体系开展创建学习型学校活动（什么是学习型学校？即师生有强烈的学习欲望，有良好的学习场所和学习机会，有健全学习组织机构的学校），提高教师科研能力和终身学习的意识及能力，提高教师业务水平、思想水平，促进教师走出"象牙塔"，形成"格式塔（式）"。

5. 提高教师的工资、奖金及福利待遇

这是治校的动力。改善教师的生活、福利待遇既是较强的激励因素，也是使教师队伍长期稳定的重要保证。校长应尽最大可能，在政策法规允许的情况下，采取措施，调动内外积极因素，充分发挥薪酬的杠杆作用。目前的绩效工资，要体现多劳多得，优劳优酬；建立起奖勤罚懒的激励机制，落实事业留人、情感留人、待遇留人。

6. 学校环境无处不育人

名校的四大要素：名校长、名教师、名学生、名文化。名文

化即学校文化建设对师生的熏陶教育十分重要。要建设一所名校，就必须高度重视，从校园环境建设和人事环境建设入手，不断建构一所具有深厚的文化底蕴的学校。我认为校园文化建设值得注意：能体现学校办学理念和办学特色，整体规划，分步实施，形成系列。如形成办学理念系列、办学特色系列、当地文化传统系列、心理健康教育系列、环境教育系列，按照人性化、人文化、校园环境文化，形成图书文化、水文化、路文化、壁文化、园林文化，力求做到校园内无处不育人，处处催人奋发向上。总之，让校园文化浸润师生心田，形成具有学校核心精神的学校文化。

7. 有创新精神

这是推动学校发展的动力。校长及教师工作创新的前提条件之一是具有前瞻性，即站位要高，立足现状，放眼未来，分析形势，把握信息，做出正确的判断。

提高创新计划的执行力——建好队，用好人，善于发现人才。形成思路，明确方法，制定措施，预计成果。

例如，广州市第八十中学心理健康教育特色的形成，举办了全国中学生心理健康研讨会；神童的录用，最后考上中国科技大学少年班；白云中学创客创新活动，获全国、省一等奖。

（三）场室建设要做到育人化

要按照教育性、知识性、艺术性、实用性的原则，对各种功能室进行设计改造，水平加特色各显所长，提高育人功能的品位。

推进广州市示范性高中建设走内涵发展之路

钟荣岳　林咨雯

一、创建示范性高中的指导思想和建设目标及指标体系研究

广州市教育局文件《关于新建一批广州市示范性普通高中的实施方案》(穗教发〔2017〕70号,以下简称《实施方案》)指出:为推进我市普通高中教育均衡优质发展,根据市委、市政府的工作部署,我市计划新建一批广州市示范性普通高中。明确以"全面贯彻党的教育方针,从我市经济社会发展和人民群众对优质教育的需求实际出发,增加优质高中教育资源供给,优化普通高中资源布局,推动普通高中特色多样优质发展,全面提高普通高中办学水平、教育质量和办学效益"为指导思想,以"进一步优化示范高中布局,推动示范高中资源向优质教育资源相对薄弱的地方辐射,整体提高全市普通高中教育教学质量,进一步提升高中高考水平,建成一批在全国有较高知名度和知名度高的高中学校"为广州市示范性高中建设的目标。

这就明确了创建广州市示范性高中的目的和意义,也就是要体现广州教育发展水平和特色。在推进广州市示范性高中建设中,一是在没有经验的情况下如何做好这项工作,二是在已有创建广东省国家级示范性高中(以下简称"省示范性高中")经验的基础上,省示范性高中是在广东省等级学校督导验收的基础上发展而来的,避免定式思维的影响,准确理解《实施方案》,能够凸显广州的水平和特色,走内涵发展之路。所以笔者将省、市示范性普通高中督导验收方案进行了比较,目的是更好地指导学

校的创建工作，发展学校个性，彰显学校特色，展示学校示范性，打造学校亮点。具体差别见下表。

省、市示范性普通高中督导验收方案对照表

序号	调整与变化	《广东省国家级示范性普通高级中学督导验收方案》	《广州市示范性普通高中学校认定指标体系》	备注
1	申报原则	说明第二点：申报广东省国家级示范性普通高级中学的学校原则上是省一级学校和独立普通高中	无	不提为独立高中
2	对整个指标框架进行整合	共有16条指标	共有44条指标	
3	必达指标操作变化	在必达分数范围内可以有相应减分	未达到必达指标则一票否决	突出导向，更具可操作性
4	发展规划和实施方案年限	1 ④师生、家长共同参与制定符合当地社会、经济发展需要，反映学校教育理念和实施素质教育的三年发展规划和实施方案，并接受当地教育行政部门的指导	第4条 ③引导家长树立正确的教育观和质量观，并参与学校与家庭的互动教育，参与学校的发展研究	

17

续表

序号	调整与变化	《广东省国家级示范性普通高级中学督导验收方案》	《广州市示范性普通高中学校认定指标体系》	备注
5	加强学校党建工作,且作为必达指标	无	第9条 近一年,学校没有因党风廉政建设责任制、廉洁自律和社会公德等方面的严重问题,被纪检监察机关或司法机关查实的情况;没有出现违反干部选拔任用制度的情况	
6	加强示范引领作用	无	第2、3、4条均强调学校要有示范性、引领性、特色性,具有辐射示范作用	学校在某一方面或某一项目示范作用强,是指学校注重凝练办学特色,在某一方面或某一项目形成专项工作体系,在区域产生积极影响和示范效应

续表

序号	调整与变化	《广东省国家级示范性普通高级中学督导验收方案》	《广州市示范性普通高中学校认定指标体系》	备注
7	增加推动教师交流的内容	无	第12条 重视落实上级要求，推动教师交流	
8	增加特色、示范学校加分	无	第39条 学校被评为"依法治校示范校""德育示范校""安全文明校园""心理健康教育特色学校""智慧校园示范校""语言文字规范化示范校""规范汉字书写教育特色校""市级垃圾分类教育示范基地"，有特色课程立项	
9	本科录取人数变化	10 ⑥高考成绩上一本院校录取分数线人数占当年高一入学新生人数的25%以上；上本科录取线人数占60%以上	第19条 学校加工能力强，近两年普通高考本科率、一本率在原基础上逐步提高	不强调比例

续表

序号	调整与变化	《广东省国家级示范性普通高级中学督导验收方案》	《广州市示范性普通高中学校认定指标体系》	备注
10	增加学校发展性研究和教学新模式要求	无	第18条 注重学校发展性的研究，积极探究和实践有利于学生综合素质提升的教育教学新模式，引导学生自主探究、独立思考、合作交流和实践操作，取得成效	
11	增加承担新疆班加分	无	第40条 承担内地新疆高中班办学任务；近五年有教师援疆援藏或参加结对帮扶等支教活动	
12	班额规定变化	13 ①规定学校规模60个班以上	无	完全中学必须是义务教育标准化学校，为必达指标
13	删除高中择校"三限生"	13 ①严格执行省规定的"三限生"标准	无	

续表

序号	调整与变化	《广东省国家级示范性普通高级中学督导验收方案》	《广州市示范性普通高中学校认定指标体系》	备注
14	面积要求	14 ①大中城市城区内的学校占地面积达到66700平方米（100亩），其他学校达到80000平方米（120亩）；生均占地不少于22平方米，其他学校不少于24平方米	第30条 ③生均占地面积、生均建筑面积以及教学辅助用房能满足教育教学需求	删除对学校占地面积的整体要求，但更强调生均占地和建筑面积
15	增加市级奖励加分	无	第39、40、41、42、43、44条 均有不同的加分奖励	
16	更加重视信息设备提升	无	第32、33、34、35、36、37条，强调设施设备及教育信息化方面建设	

在比较中发现市示范性高中指标体系与省示范性高中指标体系的差别。市示范性高中强调内涵发展：突出示范性、特色性，展示亮点；较重视学校党的建设和师德建设、信息化建设、科技创新教育；瞄准教育发展前沿，推进信息化、智能化建设是重要内容；对教师学历和职称提出了更高的要求（第12条，作为必达指标），重视教育领军人才培养（第14条）。广州市认定指标体系中有9个必达指标，省示范性高中有5个必达指标；市示范性高中认定条件相对灵活，如没有限定学校规模（省示范性高中

必须达到36个教学班），没有限定独立高中，创建省示范性高中做"客观题"，创建市示范性高中做"主观题"。从软件方面考虑，市示范性高中比省示范性高中更严格。

省、市对示范性高中评估或认定程序做法不同，但是都能够发挥督导评估的导向功能、规范功能、激励功能、鉴别功能、改进功能，推动区域教育发展，推动学校办学水平和教育教学质量提升。

示范性高中建设更加重视学校的内涵发展。强调软硬件建设共同推进，以内涵提升为主，逐步实现学校内涵发展、可持续发展、内核发展、特色发展的和谐统一。一是根据示范性普通高中的办学需求，通过新建、改建、扩建等方式增加各创建高中办学场地，充实教育教学、生活等设施设备，改善提升校园环境，为学校提供满足需要的安全舒适的办学条件，充分体现学校历史文化和办学特色；二是各学校充分挖掘办学历史，凝练学校文化，开展学校顶层文化设计，明确办学理念和特色建设方向；三是围绕特色主题打造物象化、诗意化特色校园，彰显学校特色文化；四是依托校本教研机制，组织各学科开发特色校本课程、特色教材等；五是调动区内高中特色学校的积极性，加强示范和引领作用。

市示范性高中的认定工作，通过以评促建，进一步调动了各区和各相关高中学校的积极性，起到了示范辐射作用，推动了市示范性高中建设，促进了学校内涵发展，为提高高中办学水平起了重要作用。

二、视导工作中取得的经验和发现的问题

（一）视导工作符合实际，科学可行

市教育局督导室组织视导，视导组成员由市教育局相关处室

和省、市督导专家组成。视导前一周，专家组召开预备会议，进一步学习认定办法和指标体系，国家、省、市教育部门的相关文件，了解学校自评情况，明确专家组分工，审阅学校自评材料。专家到校视导时间为一天（省到校三天），内容包括召开汇报会、专家碰头会、查阅资料、访问、查看校容校貌、设施设备、文化氛围建设和观课、专家组总结会、视导后反馈会等。视导后市教育局审核申报材料和视导情况表，市教育局召开由市教育局领导、各相关处室负责人、相关区教育局局长、认定学校校长参加认定办公会议，最后由市教育局公示、发文。由此看来，认定工作严密有序，能更深入地了解学校情况，减轻学校在接待等方面的负担，符合实际，更科学可行。

（二）在创建工作中取得的经验

（1）各创建学校深入学习文件，努力把握示范性高中认定办法和指标体系要求。创建学校积极查找体现示范性、特色性、闪光点的材料。认定工作时间紧、任务重，各校深入发动群众，人人有参与，个个做贡献，明确认识创建的目的和意义，以评促建，以提高办学水平为目的。如白云中学组织广大师生对认定指标体系逐条学习，瞄准A级指标，找准支撑点，力求做到思想、行动、内容、资料的一致性、系统性、真实性、先进性、示范性、特色性。突出重点、突破难点、形成亮点，语言表述简明有力，吸引眼球，在视导过程中受到了专家的好评。

（2）区教育局各部门通力协作，提高工作效益。迎接视导工作必须发挥团队力，出谋献策，在人、财、物、技术等方面必须有很好的配合，局各科室，如基建办、教产办、信息中心、组人科、办公室等科室积极为创建服务、为学校服务，想方设法加快项目建设进程，及时提供项目建设、各方团结协作，并承诺出具相关证明资料等，保证了视导工作的顺利进行。

(3) 加强创建工作的指导。在市组织对创建学校视导前，区督导室由主任督学组织专家到学校进行指导、提出问题、发现问题、研究问题、解决问题。例如，如何学好视导用表，自评等级说明，示范性、特色性、闪光点的提炼等，发挥集体智慧和专家的作用。

(三) 从创建工作准备到视导的教训和反思

(1)《认定方案》中的9条必达指标第5、6、9、10、12、14、21、22、30条，必须落实过关。

(2) 对需要承诺建设项目填报的理解不到位。为此，教育局召开了3次会议研究解决。最后申报，教育局做承诺，在市督导室报备。今后申报，学校专人负责（如某主任，而不是校长，但校长要掌握具体情况）。教育局可具体举例子说明：督导室按要求，相关科室指导，估计这样可提高效率，减少会议次数。

(3) 理解自评内容不够清晰。由于理解不透彻或理解上发生偏差，引起了说明（支撑）材料产生偏差或不够充实，如体质健康数据，后经督导室检查再纠正。又如贯彻教育方针，学校不会用"推行素质教育""不片面追求升学率""开足开齐课程"和落实"核心素养"教育等加以说明。

(4) 资料收集整理没有形成系列化，出现前后数据、内容不一致。例如，查阅某校课程表时，教务处课表与级组课表不一致，具体授课内容、时间、人员不一致。专家提出了资料收集整理的准确性、严肃性、真实性。另外，有资料支撑不起自评A级的情况，如学生体质健康数据。

(5) 示范性、特色性、闪光点找不到。一是不好找，必须是人无我有，人有我优。二是找不好，找出来了，但不显著。

三、今后如何推进市示范性高中建设

（一）武装思想，提高认识

从校长到教师要充分认识创建的目的，深刻理解以评促建意义。广泛、深入发动群众，从校级干部到师生员工，都要人人参与、个个贡献。

（二）领会文件精神，把握指标体系

认识要到位，明确创建示范校的目的和意义，定好位。要系统学习，有针对性地学习，找出自身的优势和差距。梳理创建思路，形成本校鲜明的示范性、特色性的理论与实践相一致的材料，形成足够的亮点。

（三）要瞄准目标，以评促建

切实做好学校的基础性、常规性工作，不断提高学校管理水平。迎接认定前视导工作，要处理好认定条件，一级指标6条，二级指标18条，三级指标44条。当然，我们要瞄准44条中的A级，能否达到A级要实事求是，可设法创造条件达到A级。除此之外，还要注意校容校貌、场室建设、文化建设、育人氛围，等等。

（四）理解好什么是眼前一亮、耳目一新

大变化。学校通过创建工作，师生的精神面貌发生了巨大变化，如学校环境、校容校貌、场室建设、设施设备、信息化建设等，要抓住创建示范性高中的契机，发挥视导、评估的规范功能、导向功能、激励功能、鉴定功能、改进功能，实行科学管理，把表象性的眼前一亮、耳目一新进行内化，走内涵发展之

路,体现学校个性,展示学校特色,示范辐射作用,一校一品等闪光点。

(五)打好基础,做好迎评(视导)工作

写好自评报告,填写好自评说明、视导用表、量化持续达到度(表)要认真审核。分工明确,工作到位,及时检查总结,要有严谨的工作作风。数据要来自上级权威部门,要一致,不能有错漏。

(六)从本校出发,梳理提升示范性、特色和闪光点

从学校自身出发,明确示范性、特色性、闪光点在哪,突出体现在自评报告、自评说明、视导用表中,思路清晰,佐证有力,理论与实践相结合。

(七)备好在认定办公会的发言稿:时间5分钟,800字

(1)学校概况。3行字介绍学校基本情况中的突出部分,如学校属于公办还是民办,高中还是完中,主管部门,学校规模等。

(2)创建成效。创建示范性高中后,示范、特色、亮点、师资、设备、校园等各方面发生了什么变化,讲最值得讲的,文字浓缩。如语言实验室:多少钱?多大?学生得到什么好处?有做法,有成效。选好材,人无我有,人有我优,体现示范引领。要以人为本,教师进步,学生发展,说明示范底气在哪儿。

(3)落实整改。对视导组提出的问题意见,一一落实整改。

(4)发展的总览。描绘成示范性高中后的蓝图,表决心,不宜过多,应接地气,作用、面貌、态势不能说得过长。

学校的发展,管理是基础,示范是翅膀,特色是个性,闪光

点是明灯。通过示范性普通高中创建工作，推动学校成为白云区一流办学品质的实践者、先进教育理念的引领者、创新提升路径的开拓者、提供法制模式的示范者，进一步促进白云区高中教育优质化、多样化、好品牌的发展，推动示范高中资源向优质教育资源相对薄弱的农村地区辐射。结合白云区实际，引导已创建和正在创建的示范性高中以评促建，加强学校各方面管理，特别是常规管理，为白云区教育树立新的里程碑。我们相信，随着广州市示范性高中认定工作的推进，走内涵发展之路，将更好地推动广州市办学水平、办学品位、教育教学质量的提升。

雁阵文化泽四方，翱翔白云育嘉禾

广州市白云区嘉禾中学　范智娟

广州市白云区嘉禾中学创办于1988年，位于云山之下，珠水之旁的祥瑞之地——嘉禾！学校为嘉禾民众培沃土，育幼苗。嘉禾中学在33年的耕耘路上，师生栉风沐雨，以雁阵文化翱翔白云，桃李芬芳溢嘉禾！

嘉禾中学占地面积18044平方米，分为教学楼、实验楼、办公楼、运动场、绿化景区五大功能区。校园环境清新怡人，处处佳景频现，树木葱茏，鱼戏莲叶，叠翠流金，红墙白裙相间，是培育人才的理想之地。

学校师资力量雄厚，为教育教学的稳步提升夯实了基础，师生在征途上不断探寻，不断思索，形成学校教育理念体系。学校依托"嘉禾"这个理念资源，从雁阵文化中找寻特色办学的文化基因，向学校的校本课程要个性，要特色，走办学特色的发展之路；在学校的规范管理上，学校博纳众长，推行实践广州市钟荣岳名校长工作室的雁阵文化理念，以团队的形式通过阅读、自研、进修等打造能力强、素质好的领头雁队伍，推行名师工程，推进素质教育，落实特色课堂，创新发展，为学校确立可持续发展的优质学校建设之路。

根于雁阵文化，立于成长教育，是我校在教育实践中反复研讨和比照所形成的办学价值观体系。成长教育是雁阵文化的拓展延续，是雁阵文化的体现和实践。其核心内涵是抓好三个成长：一是学生在日常育人过程中德智的成长；二是教师与学生、主体与客体的教学相长；三是学校在践行特色教育中得到成长。从学生到教师，从教师到学校，学校发展的理念凸显了雁阵文化的凝聚力和共同发展的雁群效应。

为了更好地形成雁群效应，在实践中我们首先强化提高每一位学生的思想素质，大力推行素质教育，重视体育、艺术、创新科技教育特色的形成，营造优良的人文环境及凝聚力。学校的特色课程分为基础课程和个性化特色课程两大部分，其中，基础课程以学科教学为主，确立生成课堂模式，开辟成长教育主阵地。生成课堂由"自主探究，互动合作，高效精练，螺旋上升"四步构成，其目标是通过课堂师生协作，促进学生全面成长，促进教师专业发展，促进学校整体提高。在研发开创成长教育个性化的特色课程中，有"德艺双馨""多彩节日""活动课程"和"诗意校园"四大系列。其中"德艺双馨"系列紧扣"顺天性、展特长、成良才"育人理念，研发和编写德育特色校本教材，校本德育课程"快乐成长123"终结茧成篇。"多彩节日"系列舒展学生个性，通过开展阅读节、科技节、体育节和艺术节等活动为学生搭建舞台，展现才华。"活动课程"系列坚持知行合一的教育原则，以体验活动为抓手，开展国防教育、人防教育、户外拓展等形式多样的教育实践活动。"诗意校园"系列则是基于环境育人的目的，全面推进校园文化建设，以及学生综合素质的提升。

嘉禾中学的雁阵高空飞翔。在师生的勤奋工作、努力学习风气之下，近年来，我校教学相长，师生捷报频传，稳步发展。其中，"电脑绘画"特色课程已享誉市、区，历年来多人荣获省、市、区奖励；足球特色课程后来居上，多次代表区参加广州市的比赛并屡获殊荣，被评为"全国青少年校园足球特色学校"。学校历年来获得"白云区义务教育阶段特色学校""广州市依法治校示范校""白云区先进家长学校""广州市安全文明校园""广州市健康学校""白云区心理健康教育示范校""广东省绿色学校"等荣誉称号；2020年学校还获得白云区教学质量奖和白云区初中毕业班工作二等奖。雁阵文化健泽四方，翱翔白云育嘉禾，学生、教师和学校三株"嘉禾"飘香于嘉禾大地。

路漫漫其修远兮，在白云区教育的发展道路上，嘉禾中学将励精图治，根植于雁阵文化，落实成长教育，推进雁阵管理，引领师生幸福成长，开创我校教育教学的新篇章！

分析在班级文化建设中提高学生发展核心素养的若干细节
——基于义务教育阶段的学校管理

广州市白云区竹料第一中学　陈伟权　叶燕芳

习近平总书记指出，"我国是中国共产党领导的社会主义国家，这就决定了我们的教育必须把培养社会主义建设者和接班人作为根本任务"。班级是学校发挥育人功能的基石，班级文化是班级所有学生或部分学生共有的信念、价值观、态度的复合体，班级成员的言行倾向、班级人际环境、班风、学风等为其主体标识，班级的墙报、黑板报、图书角、口号及教室内外环境布置等则是其物化、具体化的反映。

班级文化是一个班集体的灵魂，是每个班级所特有的，它具有自我调控、自我约束、自我完善的功能。一个班级是否具有蓬勃、健康向上的教育气息及向心凝聚力是衡量这个班级文化优劣的重要标准。在一个窗明地净、富有浓厚文化氛围和强大凝聚力的班级中，全体学生会自发地形成一股浓浓向上的好学风气，学习和掌握丰富的现代科学知识，勇于探索、勇于创新，从而热爱劳动、热爱科学，学会发现美、欣赏美、创造美，真诚地与同学和老师相处，友好地进行合作，哪怕是班内发生什么，它也能很快进行集体教育或集体调控，表现出一种强大的班级影响力。

作为班级的建设者，班主任的责任最大，要让来自不同家庭的孩子尽快建成一个更大、更和谐的新集体，让这个新集体有序、有趣地开始新生活，使孩子心中留下更悠远、更美好的记忆，甚至是影响其一生的记忆。因而在构建强大的班级文化，丰富具体实质的班级文化同时,又要注重学生人文底蕴、科学精神、学习能力、健康生活、责任担当、实践创新六大素养的培养与提高。要在班级文化建设中提高学生的核心素养,就要注意以下五大细节。

一、班级物质文化建设要体现结构精细、具体吸引

班级物质文化是以教室环境、班文化标识为主要内容的文化形态,是班级文化的载体,是教育活动得以顺利进行的空间依托和物质基础。它主要包括班级教室的布置、活动设施的放置、班级文化的精神取向以及班级的卫生状况等,体现其直观的效果,突出其教育性、实用性、人文性,从而发挥其表达功能、教育功能和审美功能。教室环境布置是班级文化的基础内涵及班级文化水平外显的直观标志,切忌一味地模仿复制、固化及一成不变。因此,我认为要遵循以下四点。

(一)整体规划、富有创意

班级环境布置,充分结合学校的文化布局、班级精神、价值追求、审美情趣等,经过提炼、凝聚,使其成为教师授业、育人的阵地,师生情感交流的地方,有助于培养学生正确的审美观念,陶冶学生的情操,增强班级的向心力、凝聚力,体现建设性能量,要有创意。现代班主任、学生在布置时往往会先考虑"复制、粘贴",挪用或模仿隔壁班或其他有特色的模板,班主任这时要及时纠正和明确方向,鼓励创意、创新。例如,在一次常规课堂检查中,我发现初一(1)班教室布置成"雏鹰"文化,和班长等班干部聊起,他们说是象征着同学们正插上理想的翅膀,搏击长空,向着光明、向着希望飞去,我当场给予肯定。同一时间巡查(2)班时,发现其还没确定,但过了两天后再检查时,发现(2)班构思的主题是"海燕",问询其班干部,他们解释"(1)班

是雏鹰,我们(2)班就是海燕,乘着歌声的翅膀,飞向蓝天",带有很强的复制及竞争观念。最主要的是,班内近半数同学认为复制(1)班的不好,没个性,没创意。于是,我马上引导他们,不要一味地复制其他班的想法,我们要思考自己班的特点,要体现自己的个性,体现创意。后来,(2)班的班干部经过思考,确定了"向阳"文化,并得到全班同学的认可。

(二) 体现班级精神,具有教育意蕴

班级环境的教育意蕴,是凸现班级精神、价值观念、教育追求、审美意识的复合,要求班主任进行具体提炼,如:在成功引导初一(2)班改掉模仿(1)班的"海燕"后,我再主动和(2)班的班主任及班干部开展更细致的讨论,引导他们精心设计班级标语、名人名言、班训、警句、目标进度表、作业、手抄报、特色活动等,建立阅读角,设计墙面,使班级的墙壁会说话,使学生的价值观念、思想和行为潜移默化地受到熏陶和感染,切忌粗糙的布置和拜访,要体现班级的精神和班级文化的教育意义。同时,也能积累班级独特的人文底蕴。

(三) 共同参与,注重协作

班级环境的布置应以学生为主体,注重学生主体性、创造性的发挥,适合学生年龄特征和发展需要,如班徽、班歌、班旗、班服的设计。这不是某一个学生的事,要求全班参与,注重同学之间、班干部之间的相互交流与协作,体现群体或小组的智慧。以下是初一(3)班设计的班徽的变化过程。

他们先是小组参与,然后是全班投票,提意见,经历了一系列激烈讨论,最后全体同学一致通过了有3只海鸥的班徽。同学们共同协作,全程参与,这是一个学习的过程,也是一个实践创新的过程。

（四）考虑视觉效果和实用安全

充分考虑教室的色彩、灯光照明，桌椅摆放，多媒体设备、卫生清洁用具的放置等因素，注意布置的合理性，考虑整体布置的视觉效果、颜色搭配及内容分布，做到既整洁有序、舒适，又安全第一。课室的坐向不同，每个班都有不同的布置，检查时发现初二(3)班的图书角正放，桌子的方角容易碰上，容易产生安全隐患，于是指导班主任将桌子反放，立刻就解决了这一安全隐患。

二、班级制度文化建设体现责任和担当

班级制度文化是维系班级正常秩序必不可少的保障，是班级文化建设的关键，它能约束和控制学生人格发展的方向，形成良好的班级精神风貌和集体向心力、凝聚力，促进学生良好习惯的养成。其主要表现在规范性、强制性、独特性和工具性上，能发挥教育、约束、激励和导向功能。

（一）班委会制度

有责任担当的班委会是必不可少的。班委要严格要求自己团结协作、认真负责、努力学习、明确分工，起模范表率作用。这对自己也是一种磨炼。班委是班级管理的核心、舆论导向，也是教师的好助手。如学校的明星班级初三(4)班的班委会制度就非

常高效，尤其是非常团结、分工明确，以至于这个班的老师外出学习，也不用安排顶课老师。班长、课代表、小组长等班委共同合作，就可以顺着老师的思路开展学习和自主管理。

（二）班规

班规的制定，要综合考虑学生的行为差异水平及身心发展状况，学校的阶段性教育目标、规章制度等因素，让全体学生参与其中，从共识中取得认同点，并成为既约束又激励的导向性、规定性条文，进而上升为全班的精神和集体凝聚力。

（三）班级岗位责任制

让每一个学生参与到班级管理中来，定岗、定责、定人，培养学生的责任意识、担当精神、管理能力，明确学生对自己的言行举止负责，对他人负责。

（四）班级卫生管理工作

建立卫生值日制度，强化担当和责任，增强劳动育人的意识，树立"人人为我，我为人人"的良好行为习惯和思想。

有规矩才能成方圆，通过制度的建立和实施，主导班级的目标和愿景、舆论、班风、学风，对建立和谐师生关系、生生关系等起着重要作用。如在初三(3)班的班主任在初一开学时就制定了详细的班委会制度、班规，并按相关制度培养和要求学生，这个班的学生迅速进入学习状态，在年级里一直名列前茅。

三、提炼班级精神文化，展现班级个性

深层次的班级精神文化是班级在教育教学过程中受一定社会文化背景影响长期形成的文化观念及集体的内心取向的集合，在班级文化中处于核心地位。

（一）核心：班级核心价值观

班级核心价值观是班级精神文化的核心，是班级成员对班级精神、发展方向、奋斗目标等基本问题的理解与选择，是对班级所有成员行为的期待、要求和规范，是实现班级诸多目标必须遵循的基本价值原则。

（二）表层：班训、班徽、班歌

班训、班徽、班歌是班级精神的集中体现，对班级成员产生潜移默化的影响，体现班级成员的奋斗目标，具有导向功能，对班级成员的行为规范和标准起到约束作用，是班级的共同价值取向，激发班级成员对班级的认同感和归属感，从而形成强烈的凝聚力和向心力。

（三）中层：班级目标和班级愿景

班集体的形成和巩固是以共同奋斗目标为前提的，是维系师生为之奋斗的共同纽带，是班集体前进的动力。成功是从设定目标开始的。

（1）以四"静"和五"自"为学生导航。四"静"即"静、敬、净、竞"，五"自"即"自主、自尊、自信、自强、自爱"。静，即在安静的环境下读书，用宁静的心态做人；敬，即敬重他人，尊敬师长；净，即净化环境，净化心灵；竞，即在对知识的追求和人的素养的形成上展开竞争。

（2）在班级建立若干合作组，实行自主管理，培养学生的集体荣誉感、自主能力、合作能力、交际能力，使其从心底形成有责任、有担当、和谐的道德品行。

（3）通过开展形式多样的活动，让学生表现自我，体味成功的喜悦，激发向上的动力。

(4)成长档案评价人。评价是一种价值判断活动,通过主导学生自我评价、自我对照、自我反思的过程,使学生发现自己身上的闪光点,发现进步的地方,从而确立努力的方向,学校再加以激励,静待花开。

(四)深层:班级舆论和人际关系

班级舆论是指班级中多数成员所赞同的占优势的言论,是班级成员观念态度的集中体现,是班级深层的精神文化。它对班级师生具有约束、感染、熏陶和激励作用,无形地支配着班级成员的行为和集体生活,是一种潜移默化的无形的教育力量,具有班级规章制度和思想教育所不可替代的作用。

舆论导向同时影响着班风建设和人际关系的走向,班集体中形成的情绪、言论、言行、习惯、态度、道德面貌等,对良好班风的形成具有十分重要的作用。

四、班主任在班级文化建设中的角色与作用,发挥舵手的重要作用

班主任作为班级的领导者、管理者和参与者,直接影响着学生的发展。班主任是班级文化形成和发展的最大影响源,对学生行为习惯的塑造、情感的陶冶、个性的形成起巨大作用。班主任的人格是班级文化精神的外化,其人格修养和业务素养与班级文化的形成有着密不可分的关系。

一个好班,必有一个独具个性、魅力非凡的班主任。班主任的自我形象建设,注重魅力的修炼,能提升班级的掌控力,能赢得学生的关爱、崇拜与"信服",并心甘情愿地付出。班主任的魅力既能诱发学生努力学习,健康成长,也能焕发班主任自身的工作热情和发自内心的幸福感。因此,注重自身形象建设,打造独特个人魅力,是做好班主任工作的捷径。美国女诗人西尔维

娅·普拉斯说过:"魅力有一种能使人开颜、消怒并且悦人和迷人的神秘品质。它不像水龙头那样随开随关、突然迸发。它像一根丝巧妙地编织在性格里,它闪闪发光、光明灿烂、经久不灭。"如初一(3)班班主任,普通话特别标准,特别好听;初二(4)班班主任,板书的字快而工整,就像打印机一样,特别吸引学生,他们班的成绩也一直保持在年级前列。

五、家长在班级文化建设中的角色与作用,寻求多方合作交流与提升

班级文化建设虽然是在班级内部相对独立进行的,但构成班集体的每一个学生都生活在一定的家庭背景中,其品质和行为深受家庭环境的影响。

若把班级比作球队,学生是球员,班主任是主教练,家长就是领队、助教和队医。作为主教练的班主任必须制订好训练计划,同时组织好战略进攻,无论何时,都必须以共同的目标来增进整个球队的归属感和凝聚力。面对队员出现的各种问题,班主任和家长要相互支持、密切配合,才能解决队员心理、生理、人际关系、学习等各种疑难,从而增强前进的动力,实现共赢。因此,家长是班主任建设班级文化的基础和延伸,班主任则是家长家庭教育活动的依靠和升华,两者的方式和效果是相互作用、相互影响的。班主任利用家庭教育的优势,推动班级文化建设,给家长放权,在实践中健全班级制度文化,凝聚家长力量,在活动中升华班级精神文化。

始终坚持"以人为本""立德树人"的教育理念,营造健康、良好的班级文化氛围,让班级文化成为学生个性成长发展的土壤。在班级文化建设中提高学生的核心素养,要克服传统的单一性,力求多样性。课室环境布置不仅要与学科教学相结合,还要与学生的生活体验、性格特征、价值取向相结合;不仅要发挥

榜样宣传作用,还要成为学生沟通交流的平台,通过各式信息交流来吸引学生参与,启发学生的思考。在班级精神文化建设方面,除了榜样引导,还要让学生看到和学习别人的长处,看到和珍惜自己的长处,培养学生的健康个性,引导学生辩证地、多元地看待问题,学会调节自己的心理,体现班集体的凝聚力;在班级制度文化建设方面,既要有刚性的规定,又要有柔性的关怀。班级文化是一种隐性的教育力量,不但能有效地调动学生学习与实践的兴趣,更重要的是能使学生形成良好的品德、健全的人格,提高学生的核心素养。

参考文献

[1] 谢云. 好班是怎样炼成的:小学班主任班级建设之道 [M]. 北京:中国轻工业出版社,2016.
[2] 关月玲. 班主任的班级文化建设 [M]. 杨凌:西北农林科技大学出版社,2014.
[3] 汪昌华. 班主任与班级文化建设 [M]. 芜湖:安徽师范大学出版社,2014.
[4] 林冬桂. 论班级文化的功能与建设 [J]. 教育导刊,2000 (11):11-14.
[5] 顾明远. 论学校文化建设 [J]. 西南大学学报(人文社会科学版),2006 (5):67-70.
[6] 李德善. 神奇的教育场:打造特色班级文化创新艺术 [M]. 重庆:西南师范大学出版社,2011.
[7] 魏书生. 班主任工作漫谈 [M]. 桂林:漓江出版社,2002.
[8] 王丽娜. 班主任文化建设的思考 [J]. 教学与管理,2010 (23):10-11.
[9] 谌启标,王晞,等. 班级管理与班主任工作 [M]. 福州:福建教育出版社,2007.

基于至善教育的学校管理初探

广州市第六十七中学 梁镜波

一、至善教育的基本概念

教育的基本追求，一方面是帮助学生获得知识技能，对社会的发展和进步形成正向推动；另一方面，学校的教育也必须培养学生正确的人生观和价值观，即对学生的精神和道德进行培养，以达到让学生除了在物质财富增长上为社会做出贡献，还能够在精神上对他人予以理解和关爱，使社会关系更加和谐，人民生活幸福感提升。在传统概念里，成功给予学生这两方面的教育则可称为"善"。而在当代教育中，"善"除了良好的知识技能教育和思想道德教育，还有让学生处于圆融和平静状态的人生境界教育。有鉴于至善教育概念的丰富性和多元性，在教学管理的过程中，应当让这一系列理念得到充分的体现和落实。

另外，至善教育的核心要求是改变学生的心理和精神状态，让学生有效地吸收中国优秀传统文化中的精髓，以尊重、关爱和宽容的心态来面对目前的学习和生活。这种优秀品质和精神境界能够推动学生自身与周围世界进行更为融洽的沟通，并从中体会到乐趣。同时，由于这些品质所带来的反馈是积极向上的，因而可以促使学生在未来的生活和学习中更为积极乐观的态度去面对生活、面向世界，并以自身的行动自觉或不自觉地推广这种先进理念。我国著名教育家陶行知先生曾说过，"行以求知知更行"。当学生以自身的行为展现自身的善良本质时，其中的快乐和幸福感将支撑学生继续践行这一理念。因此，至善教育也与陶行知先生的教育理念相契合。

二、基于至善教育的学校管理要点

（一）坚持以善为核心的教学管理

首先，在学校管理中，相关的工作人员应当以明确的态度来对待至善教育的理念，根据受教育者思想深度、认知程度和道德需求等方面的实际情况，以科学的方式来开展管理工作。在这个过程中，应当针对管理工作形成一定的规划，以一定的程序和方式挖掘并培养出镌刻在受教育者心中的优秀品质。同时，在以善为核心的学校管理活动之中，对理念的渗透也不仅仅是在管理者之间形成的共识，更要在达成共识的基础上对这一理念进行制度上的延伸，通过制度一定的约束、引导作用，让学生在恰当的环境中形成相应的观念，从而达到将学校管理工作和至善教育有机结合的目的。

学校管理在本质上是为当前的学校教育服务的，因此在践行的过程中，不应当偏离教育的核心。至善教育作为学校办学理念的重点内容，需要在学校管理的方方面面得到体现和彰显，而不应当仅仅停留在口号和宣传上。因而，除了在制度上践行，学校还有必要在教师的层面入手。教师是直接对学生进行影响的个体，如果在教育工作中，教师对至善教育的理念和思想仍然没有统一，则难以有效地实现对学生进行至善教育的最终目的。所以在开展学校管理工作的时候，实现教师思想道德水平提升和职业素养提升的高度统一，是当前在学校管理工作中践行至善教育的另一个要点。相关工作人员必须从全局的角度出发，不折不扣地完成这些工作。

（二）正确看待学生的成长

学生始终处在不断成长的过程中，而教师和学校的责任就是对学生的成长进行引导,成为学生成长过程中的领路人。至善教育的理念对这一目标进行了细化和明确。教师和学校在该过程中,不再是单纯的知识传授,也必须进行价值观的灌输。由于不同学生在生活背景、认知水平等方面具有客观差异,进行知识和价值的传递过程中难免出现这样或那样的问题。在面对这些问题时,学校和教师必须坚持至善教育,在肯定学生客观差异的基础上,以大胆和宽容的态度来面对问题,同时针对学生的具体状况,对相对落后的学生制定有针对性的教学措施,推动这部分学生在此后的学习中取得较大的进步。总而言之,学生与学生之间的差异是客观存在的,而教师和学校对待学生则不能以差异性的眼光来面对,而应当坚持宽容和尊重的态度,重视每一个学生的学习和成长。同时,这种观念除了能从教师和学校的层面落实至善教育的观念,还能对学生形成榜样作用,让受教育者在教师和学校的反复示范中,认识到宽容豁达、主动伸出援手等品质与情操,对自身和他人至关重要。

(三) 掌握管理过程中的平衡

至善教育在具体实施时,相关单位和管理人员对管理过程规划的不充分导致教学管理的平衡失当。至善教育的本意是让学习者领会更深层次的思想内涵,形成广阔的视野和以人为本的思想,而不是简单的温情教育。然而在学校管理过程中,相关制度在制定和施行时,往往具有明显的倾向性:或是倾向于过度的宽容,或是倾向于过度的严苛,造成教学管理工作的宽严失度,使学校管理工作呈现出明显的漏洞。因此,在进行学校管理的时候,相关人员必须高度重视管理的平衡性,一方面不能对当前的工作过分地宽容,致使教师和学校在受教育者心中丧失威严,榜样作用和引导作用完全无法彰显出来;另一方面不能彻底地倒向严苛,让学校管理体系之下的个体丧失活力。通过这种分寸把握，首先能够形成比较良好的管理环境，让相关的管理制度和管理理念在学校中得到全面的落实和实施，避免过于宽松的环境所导致的执行效率低和执行效果差的现象发生；其次，在宽严并济的条件下，至善教育的理念也具有充分的延伸和拓展空间，让这一理念可以在实践中不断丰富，对指导未来的教学和学校管理工作的开展具有重要意义。

三、至善教育学校管理措施分析

（一）加强师德师风建设

如前所述，教师是学生学习过程的引路人。因此，从教师的层面来渗透至善理念，不仅能实现学生道德素养的提升，也能够增强教师群体的向心力、凝聚力，为学校管理提供便利。在进行师德师风建设的过程中，首先要统一教师群体的思想认识。在实践的过程中，学校可以通过开展至善教育理念的交流、研讨会等，促进新观念和新认识在教师群体中的广泛传递。同时，在这些活动中，至善教育的基本观念以及学校当前的管理需求等也能充分地向教师传递，争取得到教师群体的理解和重视，从而更加自觉地提高自身的道德情操。其次，为了更好地对高尚的道德情操和价值观进行弘扬，在进行制度建设时，应当加强对激励机制的建设。在以往的师德师风建设中，相关各方的注意力主要放在宣传方面，并希望通过宣传，激发教师思想道德素质提升的积极性和主动性。在当前的工作中，除了对相关行为进行宣传，还应当通过激励机制，对教师的思想、行为等进行鼓励表彰。这种方式不仅能直接让教师认识到良好的师德师风对自身的重要性，更能对其他教师起到间接的激励作用，从而营造良好的氛围，促进师德师风建设工作的开展。

（二）树立民主管理理念

民主管理的对象既包括教师，又包括学生。教师是当前教育工作的主体，从学校管理的具体情况出发，充分发挥教师的作用，能直接推动学校的管理工作，因而对教师的需求和情感进行考量，让教师参与管理工作中，形成对教师的另一种形式的激励，从而降低管理工作中的阻力。所以，相关领导要深入教学工作当中，对教师和学校的情况进行全面了解，提高教师在学校管理工作中的参与度，并在制度上保障教师能够及时获取当前学校管理方面的信息，达到加强民主管理的目的。同时，学校领导还需要认识到教师群体具备较强的自我管理能力，因而提高对教师的信任，让教师有充足的空间进行自我反思，也能实现促进管理民主化的目标。

从学生方面来说，为了渗透至善理念，教师和学校在对学生进行管理的时候，也应当充分发扬民主精神，以适当的柔性管理的方式，让学生对自身的学习过程进行安排。为了提高这一安排的科学性，教师应当承担起监督和辅助责任，结合学生的学习、生活需求，帮助学生对目前所制定的相关计划进行完善。这种方式可以提升学生的自我管理和反思能力，形成对至善理念的充分吸收，同时也可以促进师生交流，形成良性的教学管理环境。

（三）坚持以人为本的管理原则

至善教育是以人为核心的教育，因此在融合至善教育进行学校管理的时候，也应当坚持以人为本的原则。以人为本，就是要对管理制度和体系下的个人进行充分考虑，如教师的情感、学生的情感等。在这一思路之下，对教师和学生抱有充分的理解、尊重是极为重要的。所以在制度的设计上，相关领导者首先应当进一步弱化等级观念，通过构建起学校和教师、学校和学生等多方面的交流渠道，让每一个人能够在现有的管理体系之下，表达自身的需求；同时，这些需求若能够在未来的管理中被体现，则可以有效地拉近领者与教师、学生之间的距离，促进学校管理工作的人性化。其次，在管理工作中，无论管理人员还是教师，都要从每个个体的情感方面来考虑，从个体的接受能力来进行工作，如对学校的某项管理工作制定新的要求时，管理人员应当从自身做起。

四、结语

至善教育在当前的教育工作中有重要意义，同时这一理念对实际的学校管理工作也有着深层次的启示。在工作开展过程中，相关管理者应当充分掌握当前学校的实际状况，进行制度上的创新和思维方式上的变革。在制度上以至善教育为指引，能够极大地调动教师和学生的积极性，促使这两者实现思想品质、精神道德上的跨越；而思维方式上的创新，则能为学校未来的管理工作形成强有力的支持，整体推动学校管理工作的展开。

参考文献

[1] 程凤春. 学校管理者胜任力研究及其成果应用［J］. 比较教育研究, 2004, 25 (3)：59-63.

[2] 郑勇. 论柔性管理在现代学校管理中的应用［J］. 教育探索, 2004 (5)：29-31.

[3] 陈赟. 学校管理的第三种势力：家长——关于家长在学校管理中作用的研究［J］. 全球教育展望, 2003, 32 (3)：19-23.

[4] 康翠萍, 郭洁. 我国高等学校大学生参与学校管理的现状与趋势［J］. 辽宁教育研究, 2007 (3)：21-24.

基于以德育人探讨中小学和谐校园文化的建设要点

苏华强

引 言

校园文化对于一所学校而言属于无形的品牌,其直接关系着学校教育教学目标的实现,同时也对学生身心健康成长、学校长远发展紧密相关。为此,小学校园文化建设近几年广受关注,尤其是以德育人理念提出之后,中小学和谐校园文化建设更是受到了教育工作者的高度重视,其能够进一步促进德育教育活动的顺利开展,让学生在和谐校园文化氛围中接受教育与熏陶,从而有效促进学生的长远发展和提升,而本文就是基于以德育人来探讨中小学和谐校园文化建设要点的。

一、以德育人与校园文化之间的关系

以德育人就是德育教育,而校园文化与学校德育教育本身就具有同一性和互补性,校园文化与德育教育的最终目的均为育人,而积极、高雅、健康的校园文化则能够促进德育目标顺利实现。和谐校园文化在建设过程中,能够以其自身独有的精神环境和文化氛围,让中小学生在校园生活与学习中受到熏陶和影响,从而有效促进学生正确思想价值观、价值取向、行为方式等多方面的引导。生动活泼、健康有益的校园文化活动可以说是有效引导、团结、教育师生的重要手段,能够有效促进以德育人工作的顺利推进,也是现如今德育教育的重要手段。除此之外,和谐的校园环境还能让师生保持舒畅的心情、振奋的精神,这样学生的学习热情自然能够得到有效提升，同时还有助于学生创造力得以发展，让学生在无形之中接受德育，从而有效促进学生良好行为习惯的养成。由此可见，以德育人与中小学和谐校园文化建设之间的关系十分紧密，可谓是相互促进、相互影响，只有注重中小学和谐校园文化建设才能更好地实现以德育人这一教育目的。

二、中小学和谐校园文化建设现状

中小学和谐校园文化主要是指在中小学校园之中形成一种以和谐为中心的文化价值理念，同时在校园之中形成一种和谐、公平、协调的校园氛围，其主张为中小学生提供一个友爱和睦、和谐融洽的学习氛围。可是，受多方面因素影响，不同地区中小学校园文化建设情况也不相同，所以，这也在一定程度上影响了中小学德育教育工作的落实。

（一）校园物质文化建设德育价值不足

中小学校园文化建设过程中，物质文化建设可以说是建设过程中十分重要的一点，也是校园文化建设的实体，从很大程度来看，校园精神文化、制度文化以及行为文化的建设大多是依赖于物质文化而展示出来的。由此可见，中小和谐校园文化建设过程中，物质文化建设是其中的基础和前提，可是，就目前中小学建设现状来看，他们简单地认为物质文化建设就是校园标语、花草树木种植与修理，抑或是校园建设扩建和翻新，对物质文化建设德育价值尚未形成准确认知，也就直接对中小学和谐校园文化建设造成了影响。

例如，中小学教育过程中，教室可以说是学生学习的主要阵地，教室设置好坏从某些方面而言也体现了校园物质文化建设的水平，同时也与以德育人理念落实紧密相关。可是，我校一些教师却在物质文化建设过程中，忽视了利用教室来对学生开展德育教育,没有认识这一物质文化建设本身具有的德育功能,教室扫把、拖把甚至都没有清洗就直接乱堆在教室角落,在夏季十分炎热的时候还会散发出一些味道;还有部分学生甚至会在墙壁上乱涂乱画,没有做到和谐校园建设。处在这种环境下,学生自然无法受到德育熏陶和教育,反而养成了乱丢垃圾、乱涂乱画等不良行为习惯,无法有效落实德育教育。

(二)校园精神文化建设德育认识不足

在中小学和谐校园文化建设过程中,除了物质文化建设之外就是精神文化建设,这可以说是一所学校无形的品牌和财富,也是学校不断累积下来的宝贵财富。一所学校的精神文化十分丰富且良好,离不开传统文化的熏陶,也只有处在这种氛围下,全体师生才能各司其职,主动教学与学习,从而起到良好的熏陶与德育教育效果。校园精神文化建设主要以校风、教风与学风为主,校训、校歌等都是其中的关键,对学生形成正确的思想价值观念、良好的道德品质意义重大。可是,就目前中小学和谐校园建设现状来看,有些中小学校园存在着弱精神等情况。

例如,学校的校训是这所学校发展的核心价值理念,能有效体现学校对师生的期望,也是学校的精神追求。可是,从部分学校校训情况来看,缺少内涵,形式化现象较严重,在精神文化建设过程中没有基于学校自身发展的历史合理设计,也没有体现出学校办学的理念,从而使中小学生对校训认知较少。在对中小学生调查实践期间,有90%的学生不知道学校的校训,这种情况下自然无法起到良好的德育与熏陶效果,不利于学生发展和提升。

三、以德育人背景下中小学和谐校园文化建设要点

针对上述提到的中小学校园文化建设期间存在的问题,笔者

认为，关键还是要从以德育人角度着手来加强中小学和谐校园文化建设，这样才能更好地实现德育教育，促进学生身心健康发展。基于这一目的，笔者认为可以从以下几点着手：

（一）树立起全新的建设理念

首先，中小学和谐校园文化建设过程中，一定要将以德育人理念作为建设的首要条件。和谐校园文化建设的最终目的也是为了培养合格的社会主义事业接班人，坚定中小学生信念的同时，提高学生道德素养。而要想实现这一点，在中小学和谐校园文化建设的时候，一定要准确认识到以德育人的重要性，并基于这一理念来建设校园、教室等教育环境。例如，可以为学生张贴一些德艺双馨的思想家、教育家与科学家的画像，借此贴近中小学生实际生活，让他们在无形之中接受熏陶和教育，从而真正有效落实以德育人。其次，在中小学和谐校园文化建设过程中，还将校园精神文化建设作为核心。毕竟一所学校自身的精神文化能够有效体现出这所学校的整体风貌，可以说是校园文化建设过程中最为强大的内核。积极向上的校园精神文化，能够让学生无形之中受到激励，从而促进校园全体师生积极进取与开拓创新。为此，在基于以德育人建设中小学和谐校园文化的时候，还需要加强校园校风、校规校训、教风学风等多方面的建设，借此来有效激励全体师生投身于和谐校园文化建设之中，从而有效落实以德育人。再次，在中小学和谐校园文化建设过程中，还需要将全体师生作为主体，真正面向全体师生来进行和谐校园文化建设，有效发挥全体师生的主体作用，从而起到良好的激励与教育效果，真正落实以德育人。最后，在中小学和谐校园文化建设过程中，加强制度方面的建设，借此为和谐校园文化建设提供良好的保障。

（二）注重和谐校园文化环境建设

基于以德育人的中小学和谐校园文化在建设过程中，除了要树立起全新的建设理念之外，还要注重和谐校园文化环境建设，毕竟环境对学生造成的影响是十分显著的，中小学生活动则能够在很大程度上改变环境，两者之间的关系十分紧密，可谓是相互影响、相互促进的。为此，在进行和谐校园文化建设的时候，学校管理人员一定要注重和谐校园文化环境建设，将以德育人作为指导思想来展开建设，这样才能在实现和谐校园文化建设的同时，对学生展开有效德育教育，从而促进学生全面发展与提升。换句话说，在和谐校园文化环境建设过程中，教师需要注重其主要包含了校园环境建设、校园基础建设与不断完善等多方面内容，在建设期间不仅要改善校园本身环境，还需要充分利用校园资源来对学生展开德育教育。

例如，我校在校园物质文化环境建设过程中，为了更好地实现和谐校园文化建设，在建设期间为学生构建了"五无"校园环境，具体而言就是地面无杂乱、门窗无积尘、墙面无污渍、卫生无死角、门窗桌椅无刻印。在提出这一物质环境建设理念之后，还基于此对学生展开了德育教育，借助实际行动来指导中小学生真切地感受到校园环境对每个人的重要性，让学生在实践过程中接受教育和熏陶，这样才能真正为中小学和谐校园文化建设提供良好保障。除此之外，我校在和谐校园物质环境文化建设过程中，还充分利用教室资源，直接在教室中开展和谐校园文化建设，为学生开辟出才艺展示台、图书角、学习角、心愿墙等德育环境，希望借此来有效激励中小学师生，让教师能够更好地对学生展开德育教育，而中小学生也能在这一过程中更加主动地学习与思考，这不仅能够有效促进中小学和谐校园文化建设，还能让学生在这一过程中受到德育感染和熏陶。还是以我校为例，在物质文化建设建设过程中,就在教室后面为学生设计出一个废品回收箱、节能箱,而教师在教育过程中则基于此来对学生展开德育教育,让学生树立循环利用、垃圾分类、变废为宝等节能环保意识,从而进一步推进中小学和谐校园文化建设。

(三) 构建立德树人的校园精神文化

基于以德育人的中小学和谐校园文化建设活动在实施过程中,精神文化建设可以说是其中的灵魂和核心,它能够为中小学和谐校园文化建设指明方向,这样学生能够在无形之中受到思想教育,促进师生正确的价值取向与行为举止的形成。为此,在开展中小学和谐校园文化建设的时候,学校管理人员一定要充分意识到精神文化建设的重要性和本质,结合时代精神文化诉求来进行建设,真正把以德育人作为精神文化的中心,促进小学和谐校园文化建设与发展,而学生也能再次得到提升。在中小学和谐校园文化建设过程中,校风是否优质也很关键,可以说是和谐校园文化建设的基础,能够很好地为我们展示出一所学校的精神风貌。若学校本身校风十分优良的话,学校师生自然能够收到无形的教育和感染,所以加强校风建设就显得尤为重要。

例如,我校在新生入校的时候,就会在这一阶段对学生展开德育教育,让学生穿校服、唱校歌、戴校徽,还会给学生讲述校徽、校旗的含义。通过这一方式来展开校风建设,同时让学生在这一过程中接受德育教育,这样学生才能真正感受到身上的重担,从而真正有效地促进学生今后的发展与提升,落实以德育人。除此之外,我校在和谐校园文化建设过程中,还不断结合时代发展诉求来创新自身校风建设理念,在建设过程中贴近师生实际生活、时代发展宗旨和诉求,所以我校校风建设工作也呈现出较为强大的生命力,能够促进中小学和谐校园文化建设,真正有效实现立德树人。

（四）充分利用传统文化精髓展开建设

基于以德育人的中小学和谐校园文化建设活动在实施过程中，除了上述几点，还可以在建设过程中充分利用、挖掘传统文化精髓来开展建设活动，这样能有效发挥我国传统文化价值，让学生在传统文化熏陶与教育中接受德育教育，同时有效促进和谐校园文化建设。传统文化是我国文化积累与宝藏，其中蕴含的"真、善、美"等人文素养有助于学生精神境界提升、人格品质塑造与发展，所以在中小学和谐校园文化建设过程中，一定要意识到传统文化在这方面的价值，借此来有效促进德育与校园文化建设。

例如，我校在和谐校园文化建设过程中，就积极利用传统文化展开建设，在实践期间将传统文化中的"国家兴亡，匹夫有责"这一精神作为标语规划设计在墙壁上，希望借此提高中小学生的爱国主义情怀；同时，还在教室内部张贴传统文化中的"刚健有为，自强不息"等标语，希望学生在接受教育的同时受到良好品质的熏陶，促进学生良好品质的形成。

结语

综上所述，以德育人工作要想顺利实施，教师在教学课堂一定要注重校园文化建设工作，毕竟只有加强中小学和谐校园文化建设，才能让中小学生接受教育的同时，得到学识与素质教育，帮助学生在和谐校园文化氛围中接受德育教育，有效落实立德树人这一教育目的，而中小学生也能在这一过程中得到全面发展与提升。

参考文献

[1] 王红.德育在和谐校园文化建设中的作用探讨[J].思想政

治教育研究，2008，24（6）：106-107，118.
[2] 曾广志，杨婉君，龙志栋. 基于以德育人的中小学和谐校园文化建设思考［J］. 山西青年，2019（9）：244.
[3] 钱月丽. 德育视角下小学和谐校园文化建设初探［J］. 教育界，2015（32）：92-93.
[4] 林畅，汪巧. 地方高校和谐校园文化德育功能实现探析：以三峡大学德育工作实践为例［J］. 中国电力教育，2009（21）：190-192.

试谈特色学校的建设
——以广州市白云区××中学为例

广州市白云区嘉禾中学　范智娟

任何事物之所以能与其他事物区别开来，就是因为它有区别于其他事物的特别之处，即特色和个性；事物因其特色而独立、闻名于世。要办好一所学校，必须创建自己的特色。社会对人才的需要是多元的，所以学校的办学模式也是多元的，不应该千篇一律，千校一面。而且学校因人、财、物、境等具体办学因素的不同，自然会显现出不同的办学特色。

一、明确特色学校的本质内涵

特色，《现代汉语词典》（第七版）解释为"事物所表现的独特的色彩、风格等"。由此推理，特色就是学校在长期的办学实践中形成的个性风貌和风格，是一种先进的、独特的、富有时代特征和相对稳定的学校文化。它的关键性质是独特性，人无我有，人有我优，这是一个学校区别于其他学校的特有个性，也是其有价值地存在的基本条件。

特色学校与学校特色是性质完全不同的两个概念。

特色学校所体现的是学校独特的整体风貌，是由很多要素构成的，其中包括校长的办学理念及创新发展能力、特色的教师群体、独特的校本化课程体系、高水平的特色项目、个性化的学校文化等，这些特色是学校办学过程中不断积淀的产物，不因校长更换而改变，不因教师调动而弱化，也不因学校变迁而消亡，还会不断创新和完善，体现整个学校的长期发展概貌。

而学校特色一般是指学校某个方面或某几个方面所具有的优势，它只是局部的、短期的，而且不够稳定。

二、独特的办学思想

办学思想的实现需要两个不可或缺的条件，那就是校长的坚定信心和创造性头脑。"教育思想是办学的灵魂，教育质量是学校的生命，管理水平是办学的关键。"这是北京市第四中学邱济隆校长在30多年的教学实践与学校管理工作中形成的办学宗旨，简朴的语言道出当今学校教育工作的真谛，尤其是办好一所学校的秘诀。

在所有特色学校的要素中，校长是关键要素。校长是一所学校的灵魂，是学校办学方向的引领者。一所学校的办学特色，实际上是校长办学理念个性化的表现，没有特色的校长，很难办出有特色的学校。作为一名成功的校长，对学校的领导，首先是教育思想的领导，校长只有确立适合本校特点的、符合时代要求的鲜明的办学理念，这种理念被教师认同，内化为全体教师理想和行为的共同愿景，才会焕发出学校发展的巨大潜能，学校才有自我超越、追求特色、创造更新的可能。

校长独特的办学思想，来源于对教育理论和教育方针的深入学习和深刻理解，来源于对教育现象的哲学思考和本质把握，来源于实践中对教育理论的娴熟运用和深刻内化，来源于对本校独特历史、资源的深刻总结和充分挖掘。

总之，校长只有坚持与时俱进，善于把当前各种先进的教育思想和自己对教育的追求与本校实际相结合，才能形成自己独特的办学思想。

学校的办学特色就像一棵树上的果实，只有树木根深，才能果实累累。因此，只有从整个学校的人文系统和生态系统中挖掘学校文化的根，寻找学校文化与办学特色的必然联系，并努力以学校文化影响学校办学的方方面面,才能形成具有针对性、实效性和持续性的办学特色。

例如,以成功创建广州市特色学校的××中学为例。××中学地处城中村,城乡接合部的地域特征十分明显,地域文化资源十分贫乏,难以寻找教育所能依存的文化氛围。从地理上看,××中学坐落在一座当地人称为七星岗的小山岗上,而××中学也曾因之命名为"七星岗中学"。七星岗的地名和七星岗中学的命名,从历史上来看,均与当地村民自古以来所形成的对七星即北斗星的崇拜有关。从文化学角度看,这种七星情结其中一个重要内容,借用我国著名文化学者、中山大学教授叶春生先生在《七星文化探源》(载《文化学刊》2012年第1期)一文中的话来说,就是主张人类要与天地自然和谐相处才能发展。"七星文化"这种"循天性,求发展"的价值取向,与××中学"让城中村孩子今天在学校体验成功,明日在社会获得成功"的教育理想和教育实践高度吻合。因此,学校把寄存于七星或北斗星上的文化现象进行提炼和归纳,把七星或北斗星自身熠熠生辉、群星灿烂、光耀银河的自然现象及其所具有的照明、指引、辨别和参与构成整个宇宙引力场等功能,转化为具有针对性和操作性的教育元素,以之作为培育学校办学思想的文化土壤和引领学校稳步、快速发展的内驱力,作为广大师生体验成功、获得成功的导航仪。

其次,基于学校文化和××中学面临的实际,学校对教育特色进行了思考。

基于"循天性,求发展"的"七星文化",围绕学校的历史与现状进行了认真的思考。××中学开办历史不长,文化积淀不够深厚;校园面积虽大,但缺乏精心的美化,更缺乏在办学思想统领下育人工作的主题文化,因此学校往往给人大而不当的感觉;教育工作千头万绪,核心难以突出;特别是××中学大部分学生来自城中村和外来务工家庭，他们学习基础薄弱，学习积极性较低，平素缺乏成功的体验，更缺乏成功的自信；××中学的教师也因长期受教学质量低下的影响，职业成就感不高。为了改变这种落后的状况，学校参考国内外同类学校的经验，把目光集中到"成功教育"这一主题上。

"成功教育"是一种相信每一个学生都有成功的潜能、成功的愿望，通过自我学习与自我教育，都能在知识、技能、人格等多方面取得成功的主题教育。而站在"七星文化"的角度，学校将这些理念做了个性化归纳和表述。××中学的"成功教育"，旨在让每一位师生都能获得发展，今天在学校体验成功，明日在社会获得成功；全体师生都能像北斗星上的星星那样互相辉映，闪闪发光，为自己、家庭和社会带来光明。

根据文化选择和特色聚焦，××中学坚持"让成功赞美生命"的教育愿景，重新提炼和整理出更切合××中学实际的办学理念"北斗领航，培育成功"，借用七星或北斗星具有夜间照明、指示方向、辨别星座和参与构成整个宇宙引力场等作用，用个性化的文化符号来反映自身的价值追求：学校要像北斗星那样熠熠生辉，引领师生走向成功之路。这一表述使××中学的办学理念脱离了一般办学理念那种空洞化、一般化、大众化的窠臼，形象地表现了学校办学与育人的价值追求。

为了更好地推行"成功教育"，学校从科学化、体系化和系列化的角度，对学校的办学思想体系进行了进一步完善。

"成功教育"由于适应了学校发展、教师发展和学生发展的需要，与学校一向以来的工作同步，所以很快获得全校师生的高度肯定。通过一系列的活动，全校师生逐渐形成了强烈的文化认同，由此对学校的发展与自身的发展充满了信心，为自身能浸润在这种利于自身发展的文化氛围中成长而感到自信，在共同的追求和行动中步调一致，形成了强烈的文化自觉。××中学在实施

"成功教育"过程中，在核心育人理念"今天体验成功，明日获取成功"的引导下，全体教师牢牢树立"成功教育"的基本思想，认清"成功教育"的基本要素，掌握"成功教育"的基本策略（其办学思想体系见下图）。人人皆可以成功的"成功教育"理念引导广大教师在教育教学活动中自觉地渗透"七星文化"的价值观与行为准则，注重挖掘学生的闪亮之处，并提供让其像星星那样闪亮的机会。

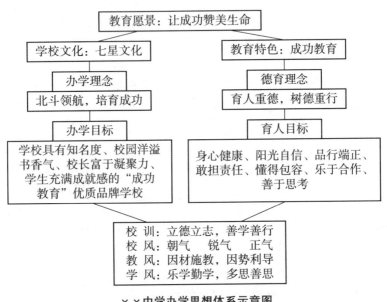

××中学办学思想体系示意图

三、创新的办学意识

引导教师树立一种创办特色学校的意识，这种意识就是创新意识，特色学校建设的核心就是创新。特色学校绝不是一块招牌，或是上级教育主管部门给予优惠政策，而是有了创新才有特色。

　　因此，在特色学校建构中，要有一种前瞻性，不墨守成规，使工作更上一层楼的进取心，学校始终以制度创新管理学校，以观念创新为导向引领学校课改工作，以教师专业化建设推进教学教育改革，以硬件软件建设保障课改进程，以教育科研提升特色学校办学质量，重视四个"结合"，即办学思路与社会经济发展相结合，继承发扬与开拓创新相结合，主动适应和办学灵活相结合，体制创新与多元办学相结合，稳步推进学校教育教学改革。

　　前瞻性具体表现在办学理念和发展定位上，正确处理好综合化发展与强化特色之间的关系。不断创新人才培养模式，构建有利于创新型人才的教育体系。加强创新能力建设，推进教科研方法创新，实现科学研究从外延发展到内涵发展的转变，从注重数量到注重质量的转变，从"单兵"作战向团队攻关的转变；着力完善政策导向机制与学术评价体系，建立健全既有统一规范管理，又体现多样化与个体化的评估考核机制，鼓励创新，营造一个宽松和谐的制度环境。深化人事制度改革，切实加强高层次人才队伍建设。按照民主管理的原则，把建立和完善相关制度摆在学校改革的突出位置，不断完善管理体制。把坚持内涵发展、切实提高质量放在学校发展的首位，进一步树立科学、全面、发展的质量观。在教育教学改革方面，遵循教育教学规律，体现时代特点。

四、特色的教师群体

　　教师是一个学校的灵魂。学校发展的主力军，是学校的生命和动力所在、精神和力量所依。校长的办学理念和特色学校的主题，都必须依靠一支与之相适应的教师队伍去实施。蔡元培先生说过，"有特色的教师是学校的宝贵财富"。只有把学校的办学理念转化为每个教师的行动，并持之以恒地努力实施，学校才能逐步形成鲜明的办学特色,所以,学校办学特色水平的高低,直接取决于教师对特色办学理念的认同度与参与的热情度的高低,取决于学校是否拥有一支高素质的队伍。

因此,在创建特色学校的过程中,学校必须非常重视教师队伍的建设培养和使用。围绕学校特色主题,坚持不懈地组织教师进修学习,加深对与特色主题相关理论、规律的理解和认识,提高特色操作的能力;启发指导教师形成共同的教育价值观、科学发展观,达成共同的行动目标。

实施名师带动战略,鼓励和培养部分优秀教师成长为名师,这是特色学校建设不可缺少的一个重要环节。没有名师就没有学校的品牌,没有名师就没有学校的特色,没有名师就没有队伍建设的动力和活力。

五、特色的校园文化

学校文化是由学校全体师生共同创造的物质和精神成果,其核心是校园内师生的价值取向、行为规范与精神面貌。独特的学校文化是特色学校最本质的标志。中国教育学会会长顾明远曾经说过"学校是文化的园地,办学最根本的一条,就是要铸造校园文化,校园文化是学校的灵魂"。因此,要创建特色学校,必须注重学校文化建设。

首先,要根据特色学校创建目标和主题,努力建设校园物质文化环境。马克思说过:"人创造环境,同样环境创造人。"校园环境是校园文化建设的重要组成部分,校园环境对学生教育起着潜移默化的熏陶和启迪作用。认真搞好绿化,使配置的树木与花草构成一幅优美的风景画,紧凑合理的总平面功能布局,简洁活泼的建筑形象和丰富的绿化设计,使学生的主建筑及各种场所、各类设施,尽量体现自然美与传统美的结合,清新优美,让人一进校园就能产生清爽、亲切、愉悦、恬美的感受。

校园环境是学校文化的物质呈现,是学校向外界打开的一扇窗户,它能直观地反映学校的精神风貌,体现学校的文化氛围,也表现出教育工作者的教育情怀。渗透学校文化的校园环境,不但可以承载学校的价值追求,呈现学校的办学思想,还可以强化特色教育的育人功能。为此,××中学围绕"七星文化"和"成功教育",对学校文化与学校环境进行了整体规划,通过民主评议选定了校徽和校歌,让学生选出了具有代表性的文化景观,并命名为"七星伴月",即校园内7个文化景观围伴着学校的主体建筑。对这些景观,××中学注意将学校的教育思想融入每一个物象之中,用具体的物像呈现学校文化,使校园充满诗意化。

其次,校园文化环境是影响教育效果的重要手段和支配力量,要把营造优良的校园环境作为自己治校实践的基本理念,在校园最显眼的地方,精心设计校风、校训、标语等,使师生一进校园就一目了然,通过多层次、多方位布置设计,创造出良好的学习工作环境。

最后,要根据特色学校创建目标与主题,努力建设校园管理文化。学校的管理文化,由学校的各种规章制度及其运作机制组成,对特色学校的形成和发展起着导向作用,也对特色学校的形成和发展具有强大的支持力和推动力。要根据学校办学理念和特色主题制定相应的校规校纪、学校管理、教育教学管理、教研科研、师资培训、班级管理、学生管理及教师考核评价等方面的特色建设的管理制度,使管理机制与学校的特色目标和办学思路相匹配,并通过强制作用,慢慢使之转化为持续的、恒久的、无所不在的精神文化。

教育不仅仅是育人,教育工作更不可能在真空中进行,学生还得在社会生存、生活。因此,教育还必须实现人与自然、人与社会的和谐,构建和谐教育、和谐校园。

六、特色的校本课程

学校要真正办出自己的特色,就必须在校本课程开发上下功夫。

随着基础教育课程改革的不断深入发展,现行的课程体系已经不能满足学生个性发展的需求。我国幅员辽阔,各地的自然条件、风土人情、教育环境等存在很大差异,而我国课程统一管理又往往不能关照各地的差异性,在一定程度上消减了学校的教育效果,不利于学生的全面主动发展。

办学特色是校本课程开发的基础,校本课程要以学校为中心,以特色学校为本。因此,在校本课程的选材上,一定要坚持"合理利用、传承发展"的原则。特色学校校本课程的开发,是以师生为主体,根据时代的需求,从学校和学生的实际出发,立足于学校多年来特色教育的目标,学校自身的特点、条件及可利用的一切教育资源,对原有课程资源和学习方法进行创造性的开发和生成,解决目前特色教育方面存在的问题,以满足本校实际发展的需要。

在校本课程题材确定后,还应该根据校本教材教学内容和学生的年龄特征,在编排体系上,注重科学性与趣味性、知识性与操作性兼顾的原则。版面设计尽可能采用图文并茂,具有实践性、开放性、灵活性等特征的综合实践活动为形式,让学生亲身经历和实践。这样不仅突出主题,丰富教材内涵,又满足学生的个性发展需要。下图是××中学"成功教育"的特色课程。

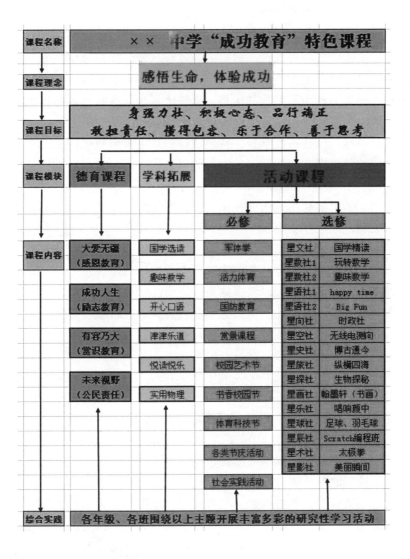

七、特色的项目

创建特色项目的过程，是对现代的教学理论的实践过程，也是对学校的自我再认识、再提高的过程。特色项目是学校在办学过程中合理利用本校优势和潜能基础上形成的若干单项性特色，它在同类学校中有明显的优势。学校统领全局的特色项目即是特色学校的表征，也是特色学校形成的基础。

因此，创建特色学校，特色项目的选定十分重要，它既决定学校教育发展方向与学生的发展方向，也决定学校最后能否成为"特色"。

××中学利用周边的驻军资源，多年来坚持开展练习军体拳的活动，以之作为实施"成功教育"个性化和标志性的项目。军体拳是由拳打、脚踢、摔打、夺刀、夺枪等格斗动作组合而成的一种拳术，是在部队基层中得到广泛应用的一种健身手段。通过军体拳的锻炼，可以增强体质，提高运动技能，对培养坚韧不拔、勇敢顽强的战斗作风具有重要的意义。它运动量适中，运用身体各个部位，锻炼效果明显，具有较强的实战性和实用性。××中学通过坚持开展这种具有磨炼意志、锻炼身体、规范行为的体育活动，极大地鼓舞了××中学师生的斗志，激励他们勇于面对困难，奋发向上，迈向成功。另外，足球也是××中学的一个特色项目，足球队是学校一张闪亮的名片，连续多年获得白云区足球联赛的冠军。

学校在确定统领全局的特色项目时必须注意遵循以下几个原则：选定的特色建设项目从自身传统优势出发，充分考虑周边自然、人文资源等各种因素，具有鲜明的个性。选定的特色建设项目适宜绝大多数师生参与，具有较强的普遍性。选定的特色建设项目着眼于促进学生的全面发展，培养学生终身受益的素质，具有较强的针对性。选定的特色建设能提炼出某种教育思想或精神特质,并能促进学校的整体发展,具有一定的综合性。学校结合实际,建立并落实推进特色建设的制度和保障措施。把特色学校建设作为实施素质教育的重要内容,辐射到学校各个领域,渗透于教育教学的各个环节,促进学生全面发展、学校教育教学质量整体提高。

新形势下要办好一所学校,一定要有自己的特色,这种特色不仅体现在治理方面,还体现在教学、师资、环境等多个方面,既要面面俱到,又要独具一格。其中,鲜明的办学理念、与众不同的创新意识、素质优良的教师队伍、独具特色的校园环境、扎实的学习能力是特色学校必不可少的重要因素。

参考文献

[1] 李名梁. 普通高等学校办学特色若干问题研究 [D]. 天津:天津大学,2005.

[2] 王前新. 高等职业技术院校发展战略研究 [D]. 武汉:华中科技大学,2004.

[3] 李保强. 试论特色学校建设 [J]. 教育研究,2001(4):70-72.

[4] 皮亚杰. 教育科学与儿童心理学 [M]. 傅统先,译. 北京:文化出版社,1981.

[5] 方铭琳. 区域教育和学校发展的特色策划:理论概述、实务操作、案例经典 [M]. 北京:北京师范大学出版社,2011.

[6] 王全乐,郑军平. 校长与学校文化建设 [M]. 保定:河北大学出版社,2012.

[7] 赵国忠. 如何创建特色学校 [M]. 南京:南京大学出版社,2012.

教育教学经验与反思篇

网络环境下互动式校本研修的实践研究

广州市白云中学 钟荣岳

一、研究的背景

我校原是师范学校，于2000年改制为全日制高中，2010年8月搬迁到占地5万平方米的金沙洲新校区。近几年，规模逐步扩大，原来全校学生只有1000人，到2012年9月达到1800人。我校是广东省现代教育技术实验学校，是白云区4所骨干高中之一，现正申评省一级学校。学校的办学理念是"培养可持续发展的现代人"，以"网络环境下主体性教育和发展个性"为办学特色。《广东省中长期教育改革和发展规划纲要（2010—2020）》指出："加强教师培训体系建设。建立教师继续教育和终身学习机制，形成全员培训以远程为主、骨干培训以面授为主、个性化培训以校本为主的培训体系。"因此，学校要紧紧抓住教师这个关键，积极开展网络与现实相结合的校本研修，科研培训有机结合，促进教师的专业发展。

"基于网络环境下的有效教学校本研修实践研究"是我校申报的广州市"基于网络环境下校本培训优质化"课题的子课题，该课题于2009年申报成功，分准备、实施、总结三个阶段进行。目前，课题研究工作已进入课题实施的第三阶段。本文反映的是该课题在研究的多种形式中进行互动式校本研修方面的内容。

二、研究的过程

（一）成立管理机构

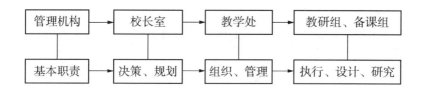

（二）搭建支持体系

所谓网络环境下互动式校本研修就是提供网络支持，通过专家的引导和学校一系列设计的互动式交流活动，让教师亲身参与，从而内外成长的一种校本研修方式。要为网络环境下互动式校本研修的开展提供前提条件，除了组织保障，还有几个支持体系不可少：一是理念支持，这是行动的先导；二是制度支持，这是行动的保障；三是硬件支持，这是行动的条件。在确定该项研究后，我们先后做了三件事。

（1）理念引导。2009年4月初，校长做动员，并通过各种会议、网络、校内刊物等，认真宣传学习开展网络环境下校本研修实践研究的意义及教师树立"终身学习"理念的重要性，动员全体教师积极参与到课题活动中。4月中下旬，我们邀请广州市教科所副所长傅荣及杨静、袁志芬三位专家做了开展课题研究的重要性及如何进行课题研究的专题报告，对全体教师进行了一次教科研意义与方法的培训，即席交流。通过各种学习宣传活动，教师更清楚地了解了校本研修的内涵及其意义，增强了专业发展的意识，学到了不少科研知识，为开展校本研修工作奠定了基础。

（2）制度保障。我们先后制定了《白云中学教师发展规划》《白云中学基于网络环境下的有效教学校本研修制度》《广州市白云中学教育科研管理要求》《广州市白云中学教育科研考核、奖励暂行办法》等。同时对校本研修进行规范化管理，主要采取以下措施：

①校本研修制度化。网上研修与面对面研修相结合，形式分两种。

a. 固定的：定时（每周星期四、星期五下午）、定点，分别开展文、理科教师的校本研修，并进行考勤。

b. 半固定的：在一定时间内完成学校及科组的网上研修活动。

②校本培训学分化。我们向区教育培训部门申报校本培训课程，要求全体教师参加。申报校本培训课程的目的：一是作为市、区级培训课程的一种补充，开展基于学校的教师继续教育工作；二是为课题研究提供人员保障和制度保障；三是使校本培训课程成为校本研修内容的一部分，实现科研培训一体化、科研与培训渗透互动。

具体做法是：根据课程计划，将培训目标、教师完成研修任务的质与量、出勤率等量化为继续教育校本培训学分，而校本培训又与科研课题结合起来，并将这一制度纳入教师工作绩效考核中，学期结束时由教学处进行考核，并按优、良、合格、不合格四个等级评分。

（3）硬件支持。一是物质条件，包括设备、场地、器材等。从2009年9月开始，我校有两个校区（金沙洲校区和水荫路校区），其中，金沙洲校区无校园网，开展校本研修活动时，要把教师接到水荫路校区，并为教师配备电脑、安排场地等。二是培训师资：由本校教科研骨干和外请专家组成。三是网络档案管理与技术咨询，由教学处、电教科负责。

这三件事为校本研修工作做了充分的思想准备和制度、条件保障。

（三）理清思路，确定方案

我们认为，开展网络环境下的校本研修，首先是要转变教师和组织者的角色定位，让教师成为研修内容的决定者，让学校成为研修活动的建议者、组织者和条件保障者，使教师的自我设计、自我实施、自我督促、自我总结，以及学校、学科的计划、实施、指导、调控、评价同步交错运作，让教师顺潮流而动的同时变被动为主动，充分调动教师的研修积极性，同时发挥学校的调控、指导作用，实现校本研修优质化。其次是网络研修必须与现实研修相结合，才能相互补充，拓展交流的空间，进行更广泛的互动交流，真正体现网络环境下校本研修"基于学校""为了学校""在学校中"的特点。因此，我们根据校本研修的规划和原则，确定了校本研修的运行机制与研修方式（见如下两图）。

1. 实行"双轨式"运行机制

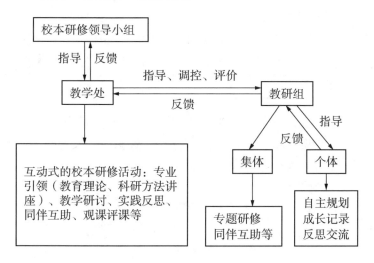

2. 网络研修与现实研修互补的研修方式

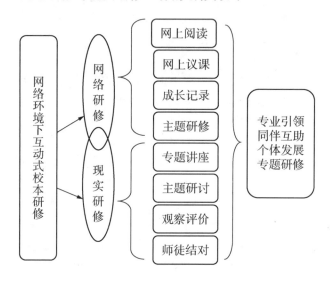

（四）组织实施

1. 构建研修的基础

这是初步尝试阶段（2009年5—6月）。因为高考压力，教学任务繁重，我们的主要任务是制定《广州市白云中学教师专业发展规划》；引导教师根据学校的教师发展规划制订个人的年度专业发展计划，并按要求至少完成一学期的教师专业成长"电子档案袋"记录；以学科各年级的备课组为单位，提交至少一份一节课的教学资源包，逐步建立学科教学资源库，实现资源共享，为下一步开展有效教学校本研修做好准备。

2. 明确要求，实施计划

这是行动研究阶段（2009年9月—2010年7月）。9月一开学，我校就制订并印发了《校本研修计划》，明确提出本学期的课题任务，要求各科组根据学校的课题内容、研修计划及本学科的教育教学实际，以及教师的共同意愿，确定研修专题，制订研修计划，并按计划有序开展校本研修活动。

为了确保研修活动的切实开展，学校实行月检查、月汇报交流制度，每月定期检查科组的研修记录，听取科组的工作汇报的同时，实现学科之间的经验交流与相互激励，达到共同提高的目的。

3. "双轨运行"，相得益彰

（1）教学处方面。

负责多种形式的校本研修活动的同时，突出抓好研修有主题（网络研修）、有专题（现实研修），过程有互动的工作。

①专业引领。正如《校本研修行动指南》所分析的那样，"一线教师的优势在于具有丰富的实践经验，而专业视野比较狭窄，专业理论基础不足，往往会导致教师们的研修活动止步于低水平重复，缺乏专业提高的动力。……校本研修需要专业人士提供专业引领"。而在我们做过的一项调查中，有70%以上的教师希望得到专业人士的理论和行动指导。所以，教学处开展的第一项活动就是"专业引领"。

一是为教师搭建一个方便、快捷学习的交流平台。依靠本校科研力量，创办白云中学《教与研》科研小报，利用科研小报，介绍教育发展的潮流、趋势，校本研修的时代意义、基本内涵、核心要素，以及有效教学的相关理论与实践等，并利用小报宣传研究成果。

二是开设教科研理论、方法专题讲座。每月确定1～2个学习专题，利用每周四、五下午，分别对文、理科教师进行网络环境下的教科研理论与方法的培训，设计有问答的过程，实现专家与教师的互动，帮助教师解除校本研修中的困惑和畏难情绪，提升校本研修的科研含量。至今，我们借助本校力量和外请专家开设的讲座共有11个，内容主要包括"教学反思与教师的专业成长""教育叙事的写作""怎样说课评课""中学教育科研的一般方法""教师专业发展的途径与方法"等。不少老师听后纷纷表示"受益匪浅"。

三是申报校本培训课程。为实现校内外教师之间的研修互动,我们利用广州市校本培训网上的学科资源库、专家资源库和校园网上传的研修材料,引导教师借助资源库和互联网开展网络环境下的学习、交流与总结。目前,教师已经完成两门课"教师的专业发展与校本研修""有效教学及其实施策略"的学习,参与网上讨论多次,写出总结或论文100多篇。

四是"走出去、请进来"。从2009年4月至今,我们先后组织了4次"走出去"、7次"请进来"活动。"走出去"是为了让教师开阔视野,用新的教育观念武装自己,同时又把这些东西带回学校,为学校校本研修增添活力,如组织骨干教师参加广州市第七中学"四合一"教学模式研讨会、中国教育学会教育管理分会组织的"新课改与课堂教学创新研讨会"等。"请进来"是为了借助专业人士和专业信息资源,弥补教师因长期在一线工作的局限性所导致的专业信息缺乏,如邀请云南师范大学的朱维宗教授讲授"教育科研的一般方法",邀请华南师范大学附属中学的徐旭昭、洪丹两位名师到校做关于教师专业发展的专题讲座等。这些活动的开展,得到了教师的热烈响应与好评,实现了校内外互动。

②个体规划与专业成长记录。广州市校本培训网专门为每位教师建立了"电子档案袋",通过对"电子档案袋"的制作过程和最终结果的分析来对教师发展状况做出评价。这是一种激励教师主动参与、积极反思、主动和谐发展的全新的评价方法。通过"电子档案袋"记录,可以让教师明确自己的成长过程,展示自己的教育教学成果,反思自己的教育教学行为,总结教育教学经验,感受专业成长的快乐。通过"电子档案袋"中的内容交流,

又可以实现智力资源的共享,有利于提高教师群体的专业素养。校长可以从中了解教师队伍建设的现状,反思自己前期工作的策略与方法,为下一阶段的工作找到决策的依据。因此,我们积极引导教师利用"电子档案袋"进行专业发展规划,记录自己的成长过程,反思自己的教学行为,积累教学素材,与同行一起分享自己的"作品"等,让教师在自主发展的同时,通过阅览他人的成长记录,吸取他人的智慧和长处,看到自己的专业优势与不足,从而明确自己今后的努力方向。这一做法,有利于实现教师自身内驱力与外力的互动作用。

③同伴互助——师徒结对、观课议课。师徒结对既是一种专业引领方式(老教师对新教师的引领帮助),又是一种同伴互助方式(新教师在新知识、新技术方面给老教师以启示),是促进教师,特别是年轻教师快速成长的一种实用而有效的方法。

我们规定教龄 5 年以下的青年教师必须拜师学艺。要求师傅拟订指导计划,随时向徒弟开课,听徒弟授课,言传身教,助其成长;要求徒弟拟订学习计划,主动向师傅请教在教学中遇到的学科疑难问题或教法问题,随时接受师傅的检查,及时进行教学反思,改进教学方法,撰写教研论文等。每学期师徒有书面总结与反思,每年进行一次总结和经验交流,并举行表彰活动。青年教师在课堂教学、班级管理等方面取得了很大进步,效果明显。

观课议课,"是参与者相互提供教学信息,在充分拥有信息的基础上,围绕共同关心的问题进行对话和反思,以改进课堂教学、促进教师专业发展的一种研修活动"(陈大伟《怎样观课议课》)。与传统的听课、评课相比,"观"强调用多种感官收集课堂信息。观课前教研组有明确的"聚焦"方向,观课时有重点。"议"是围绕共同的话题,就观课所收集的课堂信息进行平等交流,着重思考教与学行为背后的教学理念、教学成效,使教师成为具有评判精神的思想者和行动者,帮助他们实现专业成长。

我们要求每位教师每学期必须上一次公开课。2009 学年上学期，我们还组织了"学生民主参与课堂教学，提高课堂教学有效性"的课题实验课，组织教师观课、议课，让教师在观课、议课中分享成功经验，提升对课堂教学有效性的认识和实践能力。通过同伴互助，实现教师与教师之间的互动作用。

④实践反思。关于"反思"，我国古人就十分推崇，曾子曰"吾日三省吾身"。国外对"教学反思"的关注度也很高，20 世纪 90 年代，国际上就提出了一个公式：教学经验＋教学反思＝职业发展。

教师必须具备自发的学习意识和研究意识，而不是在社会要求下被动地发展。具体来说，就是能进行教学反思，即要借助行动研究，不断探讨与解决教学目的、教学工具和自身发展方面的问题，不断提升教学实践的合理性。像教学活动要求学生"学会学习"那样，教师也要在反思中"学会教学"，设立多维度的思考互动，超越自我。

因此，我们要求教师经常反思自己的教学方式、教学方法，及时发现新问题，然后从课程、学生、教学管理等方面收集资料—分析资料—理论假设—开展行动—观摩分析—写反思日记，进一步把教学实践提升到新的高度。2009 学年，我们收集教师个人反思文章近百篇，并在青年教师业务比赛、新教师过关考核活动、教育年会中对这些教师的教学反思进行了评比、交流和奖励，极大地调动了教师的积极性。

（2）教研组方面。

主要开展"问题—解决"式的专题研修活动。开展这项活动，旨在把日常教研与校本研修结合起来，抓住"问题"这一关键，以学科教学中亟待解决的问题为问题，通过对问题进行归纳分析和思辨提炼后形成研讨专题，然后围绕专题开展一系列主题活动，见表 1。

表1 "问题—解决"式的专题研修活动

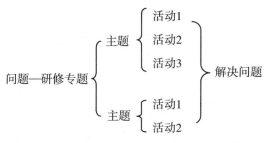

表2是生物科的专题研讨活动。

表2 生物科组"学案教学"校本研修工作安排

时间	理论学习主题	科组专题研讨	互动式课例研讨
9月	新课程背景下学科教学有效性探讨	图表的有效性教学	何老师,第5周周一,免疫调节
10月	利用学案进行新授课教学的探讨	学生解题能力的提升	郭老师,第8周周五第5节,细胞器—系统内的分工合作
11月	利用学案开展有效教学的探讨	如何提高学生的学习兴趣	陈老师1,第12周周五,生态环境与保护
12月	高中生物有效性教学策略	高一生物教学的合理进度和安排	陈老师2,第16周周三第5节,细胞增殖
1月	利用学案进行复习课教学的探讨	学生提问能力的培养	黄老师,第19周周二第2节,生态环境与保护

表3是基于学科互动式研修的教研组专题校本研修操作模式。

表3 基于学科互动式研修的教研组专题校本研修操作模式

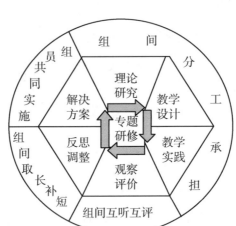

通过这样的活动，借助集体智慧发现问题、解决问题，增强团队合作意识，促进教师群体的教学能力有效提高。

三、研究取得的成绩

（1）成立了组织管理机构，落实了保障与激励制度。

（2）建立了双轨式校本研修的运行机制，强化了校本研修的指导与管理。

（3）构建了"基于学科有效教学研究的教研组主题式校本研修操作模式"，保证了学科主题研修的科学性与规范性。

（4）实施了"教科研、培训一体化"。在行动研究过程中，教师初步学会综合采用文献研究法、个案研究法、经验总结法等进行教科研活动，保证了课堂教学效果。如生物科组通过开展学案教学校本研修，提高了教师在学案教学方面的理论素养，编制了一套较为符合学情的学案，形成了初步的学案教学操作模式，教师的学案编写技巧、学案教学的掌控能力有了明显提高。如生物科组教师在全区学科教研活动中所上的两节学案教学公开课，得到了听课教师的一致好评。生物科的教学成绩也明显提高：在2009学年上学期的期末统考中，高二理科成绩平均分位列白云区第二名；高一联考生物平均分超区平均分，位列全区第三名。2009学年第二学期，高一、高二的生物成绩都超过了全区平均分，2010年高考升大学上线率达97.2%。生物科取得了前所未有的好成绩。

（5）营造了良好的科研氛围，强化了教师的专业发展意识，使教师在活动中有了理念、内涵及行为上的提升。2009学年，我校教师积极参加校本研修活动，并在活动中撰写论文或教学反思、教育叙事，有30多位教师在各级各类学科比赛中获奖，多人在各级刊物上发表论文，成绩喜人。

（6）建立了具有我校特色的校本课程体系。经过近两年的研究实践，我们先后开发了具有本土本乡本校特色、深受学生喜爱的校本课程20多门。如"南粤先贤——陈子壮""广州市金沙洲地区地理环境研究""近代广州政治史""常见自然灾害的应急防范——广东篇"等都具有浓郁的本土本乡气息，其中，"南粤先贤——陈子壮"的编写，得到白云区委宣传部的高度评价和大力支持，已印刷成校本教材。经过全体教师数年的共同努力，具有白云中学特色的校本课程和教材体系正在形成。

四、研究的回顾与展望

网络环境下互动式校本研修经过两年的实践，现已进入研究的总结阶段，可以说取得了初步的、阶段性的成果。虽然理论与实践相结合的研究比较肤浅，学校与总课题组或上级部门在网络支撑和专家组的指导等方面有待提高，如校外网络不顺畅，只有短短几句话的交流，专家组极少到学校指导等，网络环境下校本研修或科研课题的开展，今后以互动式校本研修实践为基础，继续深入各种形式的科研与校本研修相结合的理论与实践研究，不断提高校本研修的实效性，从而达到提高办学水平的目的。

参考文献

［1］广东省中长期教育改革和发展规划纲要：2010—2020年［Z］．2010．

［2］罗明东，和学仁，李志平，等．教育技术学基础：现代教学理论与信息技术整合的探索［M］．北京：科学出版社，2007．

［3］张家全．网络与教学［M］．北京：教育科学出版社，2005．

［4］陈大伟．怎样观课议课［M］．成都：四川教育出版社，2006．

成长相对缓慢学生的成因及应对

广州市白云区同和中学　张宝富

时代的发展带来居住格局的变化、家庭观念的转变、贫富悬殊的加大、物质欲望的增强、精神世界的匮乏……，这些变化直接导致教育对象层次化越来越复杂，问题学生越来越多，其主要特点是心理尚未成熟、学习能力偏低、规则意识淡薄、自我约束能力较弱等，总体上表现为成长相对比较缓慢。这部分学生的出现，使教与学、学校与家庭、老师与学生之间的矛盾日趋尖锐，这种现象在城乡接合部尤显突出。如何解决这一问题是一个非常值得探究的课题。

一、成长相对缓慢学生产生的原因

（一）自身心理健全的程度较低

心理学家阿德勒认为："每个人都有先天的生理或心理欠缺，只不过程度不同而已。"心理健全的程度不同，对外部环境的承受力也不尽相同，面对压力，有的学生变得自信，有的学生变得自卑，有的学生无所谓。因此，对于外界强加给他们的各种条件和限制，有的学生欣然接受，并积极应对，表现为品学兼优，成长非常快，是教育关注和培养的重点；有的学生被动接受，表现为成绩中等，是学校和老师相对不太关注的群体，人数所占比重最大；有的学生表现为极其抗拒、抵触，并用实际行动表达这种情绪，抽烟、拉帮结派、无心向学、打架斗殴，甚至公然和学校叫板，成为最令人头疼的学生，成为学校德育工作的重点关注人物。

（二）家庭教育的完整程度较低

一个问题学生的背后一定有一个问题家庭。社会的发展使我国家庭结构稳固程度迅速下降，问题家庭的数量急剧上升。我校一个班40名学生，有11名来自单亲或重组家庭。家庭的变故使学生失去完整的家庭庇护，造成家庭教育缺失，教育能力低下，教育方法简单粗暴，导致学生心理依赖感、归属感失衡，进而形成心理障碍或行为障碍。

（三）所处社会环境的正贡献率较低

"孟母三迁"强调生活环境对孩子成长的重要性，学生所处的外部大环境对其性格的塑造、对规则的理解和尊重、对"三观"的形成起着至关重要的作用。我校学生主要由三个部分组成——城中村村民子女、保障性住房居民子女和商品房小区子女，而成长相对缓慢学生多数来自城中村和保障性住房小区。城中村村民是城市大发展的受益者，一夜暴富冲击着其心理承受能力，财富的轻易获得使很多人逐渐丧失了生活的方向和动力，对孩子的教育状况漠不关心，学生潜移默化认为读书无用；保障性住房居民因得到政府的救助而生活安逸，无欲无求，缺乏活力，甚至对社会有一种抱怨、仇视的心态，严重影响到孩子的心理。这种相对富裕和贫穷的碰撞使部分学生的成长面临更大的阻碍。

（四）学校教育的因材施教程度不够

因材施教，这个简单的教育理念却难以融入现行的教育体系。成长相对缓慢学生的群体很大，问题各异，表现为心智、行为、态度、思想等，但现行的教育体制无法为每一类问题学生提供直接、准确的教育方法和适合的教育环境，导致这些学生之间产生相互的消极影响，问题变得越来越严重。一部分学生成为问题学生与现行的学校教育体制关系密切,这个问题不容回避。一部分教师产生了严重的职业倦怠,无法对自己的教育行为做出恰当的判断,也不愿深入了解学生成长最需要什么,遇到问题时解决的方法千篇一律,急于求成,而这种"一刀切"的教育方法会对学生造成二次伤害。

张文质先生在《教育是慢的艺术》中有段话:"经常,我们要等待一个儿童的成长:智慧的觉醒、力量的增强、某种人生信念与价值的确定。"孩子的成长犹如河流的形成,不可能是一条直线,总会有一些沟壑羁绊着,使成长过程磕磕绊绊,弯弯曲曲,而教育者需要做的就是在适当的时候停下来,等一等,使教育慢下来,想办法帮助他们走过漫长的成长期,我们要进行有方法的慢教育。

二、成长相对缓慢学生的教育方法

(一)帮助学生走出心理壁垒

成长相对缓慢学生的内心世界与外界隔着一堵高高的墙,外人很难透视和穿越,行为表现或夸张怪异,或拒人于千里之外,或暴力强悍,久而久之成为思维惯性,形成心理暗示。我们部分教育者站在墙外压制、挖苦、讽刺、不屑,甚至期望通过暴力去推倒这堵墙,最终是两败俱伤。三番五次之后,老师也会形成思维定式——无药可救,从心理上放弃了这部分学生。

对于学生出现的心理问题,老师要充分地理解,而在理解的前面再加些温度,在实践中会有意想不到的效果。比如,一位女生因对学习缺乏兴趣,又不愿意接受老师的帮助,养成了见到老师就躲避的习惯。我特别观察了她一段时间,基本了解了她的生活习惯和活动规律,故意出现在她经常活动的地方和她相遇,想方设法找一些她感兴趣的话题与之交谈。在课堂上,我设置一些适合她能力水平的作业,提供给她参与课堂的机会,当她完成得比较好时,及时给予表扬、鼓励,特意安排几个成绩较为优秀的同学与她组成学习小组,以便在日常学习中及时帮她解决一些学习上的问题,还经常帮助她认识到父母对她的期望是一种深层次的爱。经过一段时间的帮助,她学习依然很困难,见到老师依然躲避,但见到我会予以一个羞涩的微笑,我则报以热情的回应。

(二) 充分调动社会资源,给予恰当的帮助

每个问题学生背后都有一段复杂的经历或一个特殊的成长背景,原因错综复杂,甚至超出学校的范畴,涉及更广阔的社会面。学生在这些困难面前会感到无助、迷茫以至迷失。教育者要通过各种途径找准问题的根源,调动各种资源给予帮助。

我校困难家庭学生较多,不仅经济困难,而且心理问题更为严重。学校与当地商会、慈善机构建立助学关系,与家庭服务中心、居委等长期合作,寻求心理咨询、网瘾矫治等,在学生有需要时及时给予帮助。

在教育过程中,我们发现:对成长相对缓慢学生的帮助,不能让他们觉得是施舍,是可怜,不然结果会适得其反;当然,我们也不能期望一次帮助就能转化一个问题学生,但要坚信每一次付出总会有收获。我校有一位男生,父母离婚后随母亲生活,母亲再婚,婚后生活不幸福,欲再次离婚,男方不同意,多次大打出手。该男生经常目睹父母的冲突,心情压抑,情绪极其不稳定,甚至扬言要砍了继父。他回到学校就睡觉,对老师的管理要么置若罔闻,要么动手爆粗,班主任对其束手无策。鉴于该生对学校老师极其抵触,我们从社区家庭服务中心请来两位心理学志愿者,单独与他进行沟通,了解他面临的实际情况,得知他的心结在于母亲在离婚旋涡中经历的痛苦。我通过街道司法所为他母亲的离婚提供法律援助,他母亲的事情得到解决。此后,他的情

绪有所好转，但仍然不爱学习，不服从管教，不过见到老师后，他的目光变得柔和少许。

(三) 转变教育方式：为他们搭建一个展示自我的平台

问题学生的问题不是短时间内形成的，一定有一个长时间的积累过程，在这个过程中，学校教育有时会起到"推动"作用。在目前的教育体制下，老师对学生教育方式比较单一，有时更会显得无助、无力。班主任教育学生用得最多的方法就是打电话给家长或叫家长来学校，而家长为了显示对学校教育的配合，不是打就是骂，家长每来一次，学生就增加一层对班主任或老师的怨恨，周而复始，恶性循环，积重难返。我校一位男生从小学三年级开始就在老师和父母的双重"夹击"下成长。家庭教育和学校教育的"结合"并没有使他"弃恶从善"，反而越加顽劣，抽烟、拍拖、迟到、叫外卖等，无任何规则意识，不把级长和班主任放在眼里。我与他进行对话时，没有责怪，更没有责骂，而是坐下来聊天，针对他的体育特长给他人生规划建议。从此，在校园见到他，我都会主动和他聊几句，他也会主动叫"老师好"。请他爸爸来学校，也是要求他改变家庭教育方式，要侧重于沟通和鼓励，给予孩子足够多的时间和空间。现在，仍然会接到关于该生的各种投诉，但我要求老师心平气和地投诉，更多地关注该生的点滴进步，淡定地处理问题。

传统的教育方式很难从根本上矫正这些特殊学生，要因势利导，学校可以通过篮球、羽毛球、乒乓球联赛，以及开辟劳动实践基地，种花养草，配置班图书柜（将图书馆藏书分发到各班），参与艺术展演，建立志愿者组织等，尽量让每一类学生通过培养兴趣、发挥特长等找到情感寄托的平台，展现自身的价值。

（四）用恰当的提醒来纠正细节

英国作家塞·约翰逊曾经说过："人们往往更需要有人提醒他而不是告诉他，这一点没有引起足够的注意。"这是目前教育问题的关键。老师给人的印象是能说会道，这应该是与学生唇枪舌剑锻炼的结果。但每位老师也都深深地明白一个道理：没有哪一个问题学生是被老师通过"说"转变过来的，因为"说"过于表面，没有走心，缺乏诚意，类似噪声，适得其反。在教育学生过程中，不经意的提醒反而表达一种深深的关切。就像一个陌生人提醒你衣服穿反了，你可能会感激，而妈妈天天提醒你不要把衣服穿反，你会觉得烦躁。

一天，我在走廊上看见一女生对一男生做出很亲密的动作，我没作声。当女生走到我身边时，我轻声地说了句"以后要注意"，而后转身就走了。女生惊讶地站在原地，不知所措。此后，我再没见到这种情况。我没"激情洋溢"地教育她一顿，因为我明白：有多少朦胧的爱情都是经过我们的"教育"而变得公开化、清晰化。

对于这部分学生经常暴露的小问题，不能过于上纲上线，常规的批评教育又收不到实效，恰当及时的提醒会起到纠正细节的效果。

教育的规律就是学生成长的规律，我们煞费苦心、呕心沥血的付出不一定会立竿见影，但只要我们用心在做，相信每一次的付出都会在学生的心中激起一丝涟漪！

问题学生，我们以后可以叫他们成长相对缓慢的学生。对于他们，我们要给予足够多的时间和耐心去帮助，去等待，相信他们总会有长大的那一天！

参考文献

[1] 张文质. 教育是慢的艺术：张文质教育讲演录 [M]. 2版. 上海：华东师范大学出版社，2013.

[2] 王泽农，庄晓华，张洁，等. 治校之道：学校管理的方法与理念 [M]. 上海：华东师范大学出版社，2008.

论在教学中培养学生积极学习情感的实践探索

广州市白云区竹料第一中学 陈伟权 叶燕芳

前言

学校教育的目的不但包括学生学习的发展，还包括情感的发展，是对学生整个人的教育，以促进学生全面发展为目标。要实现该目标，必须把学习和情感两个方面统一起来。在目前基础教育课程改革中，新颁布的学科《义务教育数字课程标准》把情感态度作为课程目标之一。所谓情感态度，是指兴趣、动机、自信、意志和合作精神等影响学生学习过程和学习效果的相关因素以及在学习过程中逐渐形成的祖国意识和国际视野[1]。新课程标准要求我们在教学中不但要重视学生的语言知识和语言技能，更要关注学生积极的学习情感态度的培养和发展。

一、细析积极的学习情感

从现实中查看的学生学习成绩可知，多半学生的学习并不很成功。为什么会这样？其中一个重要原因，是我们的课堂教学往往忽视学生的体验，致使教学主体性、过程性和情感性在不同程度上存在缺失。大部分学生在课堂上鲜有成功体验，久而久之，以失落的消极情感对待、应付或远离学习。学生有过多次学习成绩不理想的体验后，学习情绪障碍就会出现。研究表明，学习情绪障碍与学生的学习成绩之间呈副作用，一旦情绪障碍出现，学生的成绩必将受到影响。为了改进这种不良状况，我们要着力培养学生的积极学习情感，提高学生学习的积极性。

建构主义理论认为，人的知识不是接受的，而是通过自己的经验主动建构的。这就要求我们的教学活动，应当力求使学生自己进行知识的建构，而不是要求他们被动地接受[1]。而学习过程，是以学生的整体心理活动为基础，对知识的认知活动和情感活动不断相互统一的过程。在学习过程中，如果没有情感因素的参与，学习活动既不能发生，也不能维持。一个没有受到情感激励的人，只能发挥其能力的极少部分，而当他受到充分情感激励时，所发挥的作用相当于激励前的许多倍。学生通过探究、质疑、思考、发现等活动，自我完成知识的建构，这个过程中积极的学习情感状态，对学习效果将产生直接影响[2]。因而，积极的情感态度不是一种单一的学习情感，而是学生学习兴趣、动机、自信、意志和合作精神等诸多方面的因素的综合体现。

二、重视积极学习情感态度的作用

可能会有人质疑，你是不是太过于强调积极的情感了？先进的现代化信息技术呢？我认识一位乡村教师，她已50多岁，但仍在一线工作。她几乎不懂现代多媒体技术，因而她的职称是全校最低的（评职称需要考电脑模块）。她上课就是简单的备课本加粉笔，但每学期她教出来的班都是最好的，社会上很多家长总是想尽办法将孩子弄进她教的班。她就是一个快接近老太婆的农村形象，但学生就是很喜欢她。她总能和学生和谐欢快相处，她上课总能激起学生积极地投入学习，学生都非常喜欢上她的课。

（一）积极的学习情感态度有助于促进情感和谐

在学习过程中，学生的积极情感如自尊、自信、动机、愉快、惊喜等能创造有利于学习的心理状态。教师生动、富有童趣的表演能大大地激发学生的兴趣，他们满怀着愉悦的心情主动地参与教学活动之中，教学成效明显体现出来。

（二）积极的学习情感态度有助于建立良好的师生关系

教师以积极的情感态度感染身边的每一个学生，表扬的话语总能吸引学生，赏识教育的先进理念化为具体的教学行为，很自然地缩短了师生间的距离，默契和谐的师生关系由此慢慢建立起来。亲其师，乐其道，有了如此宽松、欢乐的学习氛围，哪里还有不乐学、善学的理由？

（三）积极的学习情感态度有助于提高学习效率

在积极的情感态度的影响下，师生共同营造轻松的学习氛围。在和谐愉悦的学习环境中，学生的学习欲望非常强烈，学习效果明显提升。积极的情感态度促进了学习的成功，同时学习的成功又有效地促进了情感态度的积极发展，显然学习上的成功与情感态度的发展是相互促进的。

（四）积极的学习情感具有调节作用

在轻松愉快的课堂气氛里，学生的情绪就处于最佳状态；这时他们的头脑清楚，思维灵活，记忆迅速，学习的积极性得到充分发挥，学生感到学的知识很容易，时间过得也快。反之，如果课堂气氛沉闷，学生的情绪有某种压抑感，则头脑混浊、思维迟钝、记忆困难，那么学习的效果肯定很差。学习主体在积极的学习情感介入下，会自主地做出正确的适应性反应，以解决学习中的不利情绪或因素。

（五）积极的学习情感具有迁移作用

这是指个体对他人的情感会迁移到与他人有关的对象上去，这是在学生中普遍存在的一种情感现象。比如班级学生入学时成绩平平，任课教师是他们的班主任，班主任对学生亲切热情，细致耐心，平易近人，善于调动每个人的积极性，因此学生都很喜欢他，进而对他教的课产生了浓厚的兴趣和积极性，成绩提高很快。"亲其师，信其道"恰如其分地说明了积极的学习情感迁移对学习的重要作用。

三、分清积极的学习情感的双重体验

学生积极的学习情感，实际上往往包含双重体验，即内在体验和表象体验。

（一）内在体验

积极的学习情感包括学生对教师、学科的心理倾向性，即学生因喜欢某学科教师而喜欢上某个学科等。

（二）表象体验

积极学习情感包括学生对学习知识有好奇心，对学习有自信心，有良好的学习习惯，等等。

学生积极的学习情感中的内在体验和表象体验并不是独立存在或单独作用的，往往是互相影响、互相关联、互相转化的。

四、培养学生积极的学习情感的有效措施

积极的学习情感在学习中既然有着如此重要的作用，那么，培养学生积极的学习情感就不仅是学生学习好的前提，也是教师在教学中的一个重要任务。要有效地培养学生积极的学习情感，我认为应着重做好以下几点。

（一）深化、细化学生的内在体验，注重积极的学习情感的培养

每位学生都有对教师、学科相对稳定的心理倾向，即内在的学习情感。内在的学习情感又可分为积极的学习情感与消极的学习情感两种，即通常所说的喜欢或不喜欢。内在的学习情感对学生的数学学习影响是间接的，但也是深远的。培养学生积极的学习情感，是一个长期的过程，需要有目的、有计划地进行。

首先，教师要提升个人的人格魅力。学科教师是这一学科的代言人，教师在学生面前本就具有一定的权威效应。如果教师被学生接纳和喜爱，学生就会把这种积极情感迁移到学科学习上。为了丰富自我内涵，提升个人魅力，教师平时要注意学习新课程理论，学习教育学、心理学，加强艺术、文学等方面的修养[3]。

其次，教师要加强自身的情感修养。教师要热爱学科教学工作，并把自己对任教学科的真实情感，融化在教育教学中，自然而然地感染给学生，这样才能使学生受到无形的激励和熏染。

再次，要充分挖掘学科教材中丰富的情感资源。利用学科知识本身的魅力来吸引学生，使学生产生强烈的求知欲望和兴趣，激发他们积极的学习情感。

最后，注重情感交流，教师对学生要有爱心。教师要想在教学上获得成功，必须重视对学生进行情感投资，以自己真挚的爱，增进师生间的情感交流，唤起学生对师长的爱，进而将这种爱延伸为对其所教学科的好感，最终借助好感培养学生对该学科的兴趣，正所谓亲其师，信其道。教师的爱能激发学生更加积极地参与到学习活动中。教师爱学生，包括对学生的关心、信任、欣赏、宽容、尊重和严格要求等。培养学生对学习的积极情感，要靠长期的渗透与熏陶，它不会立竿见影；但只要任课教师坚持不懈地努力，一定能够取得明显的效果。

（二）看到学生的表象体验，着重积极的学习情感氛围的营造及引导

表象积极的学习情感，表现在课堂上学生学习的积极态度中。在课堂上，要努力培养或激发学生积极的学习情感。

（1）优化教学课堂环境，通过优良的课堂文化塑造学生。环境对一个人的成长具有很大的影响，对学生的身心发展课堂环境尤为重要。从外部环境来说，比如可以有意识地优化教室环境，使整个教室整洁、宁静、光线充足、温度适宜、色调和谐等，这些都有助于引发教师和学生良好的心境，产生一种积极的教和学的情感。从内部环境来说，在课堂教学中，必须营造一个和谐的、轻松活泼的，且具有强烈求知欲的课堂环境，再以优良的课堂文化来感染学生，让学生在积极的环境中得到潜移默化的熏陶。

（2）丰富授课方式与手段。要采用学生喜闻乐见的教学手段和灵活多变的授课方式，确保学生保持良好的注意状态。比如现代教育技术的广泛应用，为激发学生兴趣带来了契机，对同样一节课，采用多媒体与不采用多媒体，学生学习兴趣相差可能会很大。多组织探究式、讨论式、表演式的教学形式，建设开放而有活力的课堂，既让课堂气氛轻松愉快，又让学生始终处于积极思考的状态。

（3）关注学生的学习情绪。学生的情绪是学习状态的晴雨表。教学中教师要有关怀意识，时刻观察学生的课堂反应，密切注意学生听课的情绪。若学生一脸茫然，那说明他在陌生的知识面前无所适从，需要教师适时点拨；若学生异常兴奋，主动积极思考，那教师无须多言，学生能够独立解决的问题就让他们自己解决。

（4）倡导民主精神。在新课程背景下，课堂教学强调学生的主体地位和意识，注重学生的过程性体验和情感性体验，要求构

建以人为本的课堂教学价值观。课堂教学的模式由过去的教与学,变成了师生互动、交流、共享的过程。课堂上教师要摒弃唯我独尊的思想意识,让学生在课堂里保持轻松愉快的心情,鼓励学生自己去发现问题、解决问题,鼓励学生自由表达自己的见解,使课堂成为师生发现、追求和分享真理的地方。

(5)培养学生坚韧的性格。学科许多问题综合性强,不是轻易能解决的,这对学生的耐心与毅力是个考验。当学生遇到疑问时,应鼓励他们积极思考,必要时加以正确引导和启发。当学生遇到困难时,教师要鼓励他们克服困难,决不轻言放弃,以培养学生坚韧不拔的性格。

(6)鼓励学生积极探索。教师可以设置一些具有挑战性的问题情境,激发学生进行思考,提出具有一定深度的问题引导学生进行自主探索,使学生在一种解决问题的成功感中发挥创新意识和实践能力。探究性学习能提高学生的自主学习能力与创新能力,为每个学生充分发展提供空间,培养他们勇于探索、勇于创新的科学素养。

(三)平等、公平地对待每一位学生

教师尊重学生还体现在平等、公正地对待学生,尤其要平等、公正地对待"差生"。要相信"差生"都是可以教育好的,不能轻易地给学生戴上"差生"的帽子,更不能把他们看死。在一个优秀教师的眼里,没有优生与"差生"的区别,学生的差异只是表现在兴趣、爱好不同,生活经历不同,性格特点不同,所以教师不能以个人喜好和学生成绩的好坏作为评价学生的标准。平等、公平地对待学生就要严格要求学生。俗话说,"严师出高徒","教不严,师之惰"。一个教师越是热爱学生,对学生的要求就越是严格。教师对学生的严格要求是出自对学生真诚的爱。严以爱为基础,爱以严为前提,严爱结合,爱而不纵,严而不凶。

(四) 正确地评价学生,因材施教

学生由于智力因素和非智力因素即个人的需要、兴趣、动机、情感、意志、性格和态度不同,学习情感和学习效果也各不相同。教师在教学中应尽可能地激发学生学习的内部动力,并借助外部激励作用来抵制各种消极的非智力因素的干扰,用成绩好的学生激励他们更加奋发向上,主动钻研,扩大知识面,创造性地学习知识,使他们克服自卑感,树立自信心,对他们的哪怕一丝正确或点滴进步也要给予肯定、表扬和鼓励,以引起学生愉快的情感体验。对学生尽量采取少批评多表扬的办法,以避免学生对教师的情感产生隔阂,进而迁怒教师而影响学生对教师所任课程的学习。正确地使用表扬、鼓励和批评等都是有利于学习情感培养的[4]。

(五) 要持之以恒,要教学创新

在现实教学中,很多教师都会有意激发学生的积极情感,但不见得一次就成功。很多时候教师发现,这不过是一厢情愿或是无用功,为什么?因为学生常常会喜新厌旧,一成不变的教学模式和教学方法会让他们感到厌倦。教师在教学中不能放弃,反而要持之以恒,要有创新意识,善于用新课程理念活化自己的教学行为,通过教学创新,激活教材、激活课堂、激活学生思维,让学生在充满活力的课堂教学中保持积极的学习态度,提高参与的有效程度。随着社会的发展、科技的进步,还要善于掌握现代教育教学新技术,在教学中适当运用现代教育技术及信息化技术。

(六) 要有奉献精神

教师是一项特殊的职业,他的对象是灵活多变的,很多时候

不能准时下班,还要经常加班。这要求教师有甘为人梯的奉献精神。教师的职责就是为社会培养人才,并且寄托无限乐趣于其中。社会在进步,教师也应该继续前进;而对于学生超过自己,教师应该感到由衷的高兴。

归根结底,教育的目的是培养人,培养知识全面、身心健康、人格健全,具有创新精神和创新能力的人才。因而,教师要注意塑造自己的人格素质,用自己的人格魅力去感染学生。同时,在教育教学中要依据学生的心理特点、先进的教育教学理念来不断改进教育教学方法,开展符合学生特点的教育教学活动,培养学生积极的学习情感[5]。引导他们挖掘自己学习的潜力,培养与学习有关的兴趣,引导他们始终保持良好的心境,不断提高自己的知识水平。

参考文献

[1] 中华人民共和国教育部. 义务教育数学课程标准:2011年版[M]. 北京:北京师范大学出版社,2012.

[2] 基础教育课程改革通览:通识部分[M]. 北京:中央民族大学出版社,2002.

[3] 李炳亭. 高效课堂22条[M]. 济南:山东文艺出版社,2009.

[4] 扈中平,李方,张俊洪. 现代教育学[M]. 2版. 北京:高等教育出版社,2005.

[5] 肖川. 教师的幸福人生与专业成长[M]. 北京:新华出版社,2008.

以初中数学"分式方程"为例,浅谈学生高阶思维能力的培养

广州市白云区南悦中学 苏华强

一、初中数学教学中培养高阶思维能力的核心

在初中阶段,为了培养学生的数学高阶思维能力,我们可以从提出问题、明确问题、假设问题、解决问题以及检验结果的能力等方面入手。在教学过程中,教师要引导学生深入理解概念,并通过练习来不断强化知识的运用,再从横向和纵向两方面进行对比,最后总结、概括出解题的方法,随后验证结果是否正确,在分析题目、对比的过程中,我们需要教识学生不只会看懂题目的表面意思,还要学会从表象中找出隐含条件,正确解题,学会揭开表象看本质。

二、以初中数学"分式方程"为例,谈培养学生高阶思维能力的研究

分式方程是一元一次方程、两元一次方程组的延伸,和后面即将学习的一元二次方程是初中阶段必须掌握的四种方程,也是中考的必考点之一。考试题型大致有以下三类:①解分式方程,注意不要忘了验根。②解带有未知字母(以 m 为例)的分式方程,根据题设(一般是已知解为非负数,方程无解等),列出关于 m 的等式或不等式,求 m 的值或取值范围。③分式方程的应用题,一般是工程问题、路程问题、销售问题、货物运输、轮船顺逆水行驶等。分式方程对于初中数学的学习而言,并不是很难的知识点。

（一）分式方程

1. 分式方程的定义

分式方程的定义：分母里含有未知数的方程叫作分式方程。

例1：关于 x 的分式方程 $\dfrac{k-1}{x-1}=2$ 的解为非负数，且使关于 x 的不等式组 $\begin{cases} x<6-x \\ x-1 \geqslant \dfrac{k+1}{2} \end{cases}$ 有解的所有整数 k 的和为（　　）。

A. -1 　　　B. 0 　　　C. 1 　　　D. -2

解析：此题需要解分式方程和不等式，由 $\dfrac{k-1}{x-1}=2$ 解得 $x=\dfrac{k+1}{2}$，由题知解为非负数且分母 $x-1\neq 0$，所以 $\dfrac{k+1}{2}\geqslant 0$ 且 $k\neq 1$，由此得到 $k\geqslant -1$ 且 $k\neq 1$。

又因为 $\begin{cases} x<6-x \\ x-1\geqslant \dfrac{k+1}{2} \end{cases}$，解得 $\begin{cases} x<3 \\ x\geqslant \dfrac{k+1}{2}+1 \end{cases}$，由此不等式组有解，所以 $\dfrac{k+1}{2}+1<3$，即 $k<3$，所以 $-1\leqslant k<3$ 且 $k\neq 1$，则 $k=-1,0,2$。

2. 增根

增根的概念：在分式方程化为整式方程后，若整式方程的根使最简公分母为0，那么这个根叫作原分式方程的增根。（根使整式方程成立，而在分式方程中分母为0）

例2：关于 x 的方程 $\dfrac{x}{x-1}-1=\dfrac{a}{(x+2)(x-1)}$ 有增根，那么 $a=$ _____。

点评：此题考查了解分式方程，解分式方程的基本思想是

"转化思想"——把分式方程转化为整式方程,在此过程中,注意符号的变换。

解:去分母得 $x(x+2)-(x+2)(x-1)=a$,易知增根为 $x=1$ 或 $x=-2$。

把 $x=-2$ 代入整式方程得 $a=0$,此时原方程为 $\frac{x}{x-1}-1=0$,不符合题意;

把 $x=1$ 代入整式方程得 $a=3$,此时原方程为 $\frac{x}{x-1}-1=\frac{3}{(x+2)(x-1)}$,符合题意。

师:从这道题中,你有什么收获?

生:求出 a 的值之后还要代回去检验是否符合题意。

学生解完此题以后,教师一定要强调:为什么求出两个值只保留一个?为了趁热打铁,让学生掌握此类题型的具体步骤,还要补充一个拓展练习。

拓展:若关于 x 的分式方程 $\frac{1}{x-1}=\frac{2m}{x^2-1}$ 有增根,则 m 的值为_____。

解:去分母得 $x+1=2m$。

当增根为 $x=1$ 时,$m=1$,代入得 $\frac{1}{x-1}=\frac{2}{x^2-1}$,方程解是增根,符合题意;

当增根为 $x=-1$ 时,$m=0$,代入得 $\frac{1}{x-1}=0$,方程无解,不符合题意。

总结:在解方程时,如果产生了分母等于 0 的根,那么,这个根就是这个分式方程的增根。在解决这样的问题时,要及时进行转化,将分式方程转化为整式方程,然后再将增根代入整式方程中，这样就可以求出方程的未知系数的值了，但是还需要代回分式方程，看是否解出增根。相比而言，这样的问题具有一定的复杂性，需要开动脑筋，将复杂的问题进行简单化处理，提升综合解决效率。

例3：若关于 x 的方程 $\dfrac{x-1}{x-5} = \dfrac{m}{10-2x}$ 无解，则 $m =$ _____。

师：这道题和例2是一样的吗？

生1：一样，分式方程无解就是有增根。

生2：应该不一样，有可能分式方程本身无解，比如一元一次方程 $ax=b$，当 $a=0$ 且 $b\neq 0$ 时，一元一次方程此时无解（对于分式方程 $\dfrac{a}{x}=b$，当 $a=0$ 且 $b\neq 0$ 时，或当 $a\neq 0$ 且 $b=0$ 时，分式方程也无解）。

师：很不错，联想到了以前学习的知识点，分式方程无解应该分两种情况，只不过有的有两种情况，有的无解刚好就是增根。对于这些不同的情况，还要有不同的解决方案，大家动手算一算，看一看这道题是哪种情况。

生：化为整式方程是 $2(x-1) = -m$，方程有解，所以应该解是增根。

师：好，我们再来看几道题。

点评：此题考查了分式方程的解，由分式方程转化为整式方程后，分式方程无解有两种情况：（1）整式方程无解；（2）整式方程的解使得最简公分母为0。

因此，需要分情况讨论求 a 的值。还有一点要注意：应当分类讨论思想解决问题时，最后一定要有总结性的话语，通常用"综上所述"。对于这种复杂的题目，通过准确的总结，可以有效提炼出自己的观点，让整个解题过程一目了然，同时锻炼自己的归纳能力，实现学习效能的有效提升。

扩展：若关于 x 分式方程 $\dfrac{x-m}{x} = m-1$ 无解，则 m 的值为 _____。

解析：去分母得 $x - m = x(m-1)$，若方程无解，则有：①原方程有增根，则 $x = 0$；②原方程无解，整式方程整理得 $(2-m)x = m$。

当 $2 - m = 0$ 且 $m \neq 0$ 时，方程无解。

把 $m = 0$ 代入原方程得 $\dfrac{x}{x} = -1$，无解，符合题意；

把 $m = 2$ 代入原方程得 $\dfrac{x-2}{x} = 1$，无解，符合题意。

扩展：若关于 x 的方程 $\dfrac{1}{x-1} - \dfrac{a}{2-x} = \dfrac{2(a+1)}{(x-1)(x-2)}$ 无解，则 a 的值为 _____。

解：去分母得 $(x-2) + a(x-1) = 2(a+1)$。

当增根为 $x = 1$ 时，$a = -\dfrac{3}{2}$，代入得 $\dfrac{1}{x-1} - \dfrac{-\dfrac{3}{2}}{2-x} = \dfrac{-1}{(x-1)(x-2)}$，符合题意；

当增根为 $x = 2$ 时，$a = -2$，代入得 $\dfrac{1}{x-1} - \dfrac{-2}{2-x} = \dfrac{-2}{(x-1)(x-2)}$，符合题意；

整理得 $(1+a)x = 3a+4$，无解时，$a = -1$，代入得 $\dfrac{1}{x-1} - \dfrac{-1}{2-x} = 0$，符合题意。

（二）分式方程的应用

解分式方程应用题的步骤为：①审；②设；③列；④解；⑤

验（二次验证）；⑥答。

例4：在一座城市的美化工程招标过程中，共有甲和乙两个工程队参与投标活动。根据测算，如果由甲工程队单独完成这项工作，需要60天；如果由甲工程队前期先完成20天的工作任务，剩下的部分则由甲工程队和乙工程队共同完成，则需要24天。

（1）假设乙工程队单独完成这个美化工程，需要多长时间？

（2）假设由甲工程队先施工一天，这种情况需要3.5万元工程款，而乙工程队每施工一天需要2万元工程款。现在根据工程计划，这项工程要求在70天内完成任务，在不超过规定的工程计划的情况下，怎样做才最节约资金？是由甲工程队独自完成，还是由乙工程队独自完成，还是由两个工程队共同来完成？

师：说说你的方程。

生1：设乙单独完成这项工程需要 x 天，则 $\frac{1}{60} \times 20 + (\frac{1}{x} + \frac{1}{60}) \times 24 = 1$。

生2：设乙单独完成这项工程需要 x 天，则 $\frac{20+24}{60} + \frac{24}{x} = 1$。

师：两个同学的方程不一样，很不错，并且都是正确的。对比一下，你能说说这两个方程的区别吗？

生：第一个同学是把前20天甲的工作总量加上甲、乙合作24天的工作总量等于整个工作总量单位1；第二个同学是分别算出在整个工作中甲、乙的工作总量，再令其和等于1。

师：很好，实际上一个是按时间划分成单独和合作两部分，一个是按甲、乙队划分成两部分。就形式来看，第二种式子看起来更易整理、更简单。

总结：

等量关系一：单独工作的工作总量 + 合作的工作总量 = 1。

等量关系二：甲的工作总量 + 乙的工作总量 = 1。

解：（1）设乙单独完成这项工程需要 x 天，

由题意得 $\dfrac{20+24}{60}+\dfrac{24}{x}=1$，

解得 $x=90$。

经检验，$x=90$ 是原方程的解，且符合题意。

答：乙队单独完成需 90 天。

解：（2）甲、乙全城合作完成该工程的时间为 $1\div(\dfrac{1}{60}+\dfrac{1}{90})=36$（天），

则甲、乙全程合作完成该工程须付的工程款为 $36\times(3.5+2)=198$（万元）；

甲单独完成该工程须付的工程款为 $60\times3.5=210$（万元）；

乙单独完成需 90 天，超过计划天数，不符合题意。

答：在不超过计划天数的前提下，由甲、乙合作完成省钱。

三、小结

分式方程是初中数学中一种非常重要的方程，我们要在分式方程方面深度挖掘，不断训练学生思维，让学生在解题的过程中提炼精华，善于总结此类问题的解决方法，从而在思维上得到一定的升华。基于此，在开展分式方程的学习与答题过程中，要充分重视对学生思维的训练，不能固守在传统的教学体系中，而是要顺应题目知识的变化，结合学生自身的特点，有的放矢地培养学生的思维能力，注重分式方程知识体系的构建，提升学生的综合认知与接受能力，引导学生参与到知识体系中，提升初中数学的综合学习效果。

参考文献

[1] 陈玉伦. 初中数学课堂培养高阶思维能力：以"分式方程"的教学为例［J］. 中学数学研究（华南师范大学版），2019（10）：22－23.

[2] 韩雪. 在教学中发展学生的思维能力［G］//邢改萍. 中华教育理论与实践科研论文成果选编：第五卷. 北京：北京燕山出版社，2013.

初中语文教育中培养学生核心素养的探索

广州市第一一五中学 谭家在

培养学生核心素养是落实立德树人的一个重要途径，是适应国际教育改革发展趋势、提升教育国际竞争力的需要，是课改的重要内容。学生核心素养的培养须以具体的课程、课堂和学习活动为载体，本文仅以语文学科为角度，探索在语文学科教育中如何培养学生的核心素养。

一、学生核心素养的要义

"素养"一词在《新华词典》中的含义是"修习涵养"，蕴含"不断修炼学习培养"之意。查阅文献表明，"核心素养"的概念是经济合作与发展组织（OECD）在21世纪初提出的，指的是21世纪的学生应具备的适应终身发展和社会发展需要的必备品格和关键能力，而中国学生的核心素养是教育部委托北京师范大学，联合国内高校近百位学者成立课题组，历时3年研究出的成果，于2016年9月正式发布，全称为《中国学生发展核心素养》，其核心内容为文化基础、自主发展、社会参与三大方面，综合表现为人文底蕴、科学精神、学会学习、健康生活、责任担当、实践创新六大素养，具体细化为人文积淀、人文情怀、审美情趣、理性思维、批判质疑、勇于探究、乐学善学、勤于反思、信息意识、珍惜生命、健全人格、自我管理、社会责任、国家认同、国际理解、劳动意识、问题解决、技术运用18个基本要点。研究中外的核心素养，其内涵是有区别的，国外注重的是人的能力培养，国内不仅注重人的能力培养，还注重人格、人品的培养,培养的是全面发展的人。发展学生核心素养是落实我国教育方针立德树人的重要途径,是引领课程改革和育人模式变革的方向标。学生核心素养的培养须以具体的课程教学为桥梁,语文是基础学科,学生语文素养与核心素养密切关联,培养了学生的语文素养也就促进了学生核心素养的形成。因此,厘清学生核心素养与语文学科素养的关系,对深化语文课程改革、提升语文教育质量有十分重要的意义。

二、学生核心素养与语文学科素养的关联

语文是基础学科,有鲜明的特色,语文教育界普遍认为语文素养主要体现在以下四个方面,其内涵与学生核心素养内涵紧密相连。

(一)语言构建与实践

通过具体的语言积累,如字、词、句、篇的积累,并在学习生活中不断实践运用,从而实现语言构建,这体现了核心素养中的"人文底蕴"要点。

(二)传统文化的传承与内化

通过阅读大量名篇名作来实现与作者的思想碰撞、灵魂交流,在碰撞交流中传承优秀的传统文化,传统文化蕴含的人生信仰、家国情怀、责任担当、理想志向等元素会影响学生人生价值观的形成,内化成积极的人生价值观,这体现了核心素养中的"人文积淀、社会责任、国家认同、自我管理"等要点。

(三)思维的发展与提升

在语文学习过程中,会对语言进行直观感知,并结合生活体验,内化形成自己的观点和感悟,并用语言表达出来。在这个过

程中,思维得到发展,解决问题的能力得到提升,这体现了核心素养中的"理性思维、批判质疑、勇于探究、勤于反思、问题解决"等要点。

(四) 具备审美鉴赏与创新能力

在语文学习过程中,通过优秀文化的熏陶,能感悟真善美,激发学习兴趣,促进审美技巧、审美表达、鉴赏水平和创新能力的提高,促进形成健康的审美情趣和健全的人格,这体现了核心素养的"乐学善学、审美情趣、健全人格"等要点。

三、语文教育中培养学生的核心素养的途径

语文素养与核心素养密不可分,培养语文素养是实现学生核心素养的一个有效途径。笔者认为,培养学生语文素养,可以从下几个方面去探索。

(一) 从人的发展角度,全面培育学生的语文素养

"立德树人"内涵是培养全体学生全面发展,一个都不能少,学生核心素养的发展是全员全面全过程培育,语文素养的培养也是如此。《义务教育语文课程标准(2011年版)》提出:"九年义务教育阶段的语文课程,必须面向全体学生,使学生获得基本的语文素养,形成有体系、立体的培养。"因此,培养语文素养要注重以下几点:一是全员性。语文教学要面向全体学生,因人而异,因材施教,要充分提高每一个学生的语文素养。二是全面性。要全面培养,关注每一项语文素养的培育与养成,促使学生每一个方面的语文素养得以形成与发展。三是全过程。语文教育工作者要充分认识到,学生语文素养的提高与形成是一个逐步完善的过程,在语文教学中要全程培育。

（二）从语文学科发展角度，全面提升学生的语文素养

1. 培养语言构建及实践能力，提升语文素养

语言的建构及实践是学好语文的基础，是提高语文素养的保障。语文教学过程中可以通过语言积累、问题设计、开展专题性学习来提升学生的语言构建能力。

（1）积累语言素材，夯实语言构建基础。学生只有积累了大量的语言原始素材，运用语言才能得心应手，才能实现语言构建。语言积累要注意全面性和丰富性。一是积累教材中重要的字词素材。例如，每篇现代文都安排了读写字词的内容，补充了疑难字的注音释义，这些都要引导学生扎实积累。二是积累重要诗文。初中语文有明确的诗词文言识记要求，这些要求学生熟读成诵，形成语言素材。三是积累美文美句，引导学生养成随时摘抄积累的习惯。凡是遇到课内外的优美词句，都要摘抄积累，有了丰富的积累，才能有效进行语言构建。

（2）巧设思维问题，培养语言构建能力。语文教材中有很多文章非常适合训练学生的语言构建，例如《石壕吏》这首诗，描写石壕吏夜捉人的故事，揭露了封建统治者的残暴，反映了唐代"安史之乱"给广大人民带来的深重灾难，表达了诗人对劳动人民的深切同情。在分析完古诗内容后，可以分析诗歌艺术。诗人为我们留下了巨大的想象空间，教师可以提出一系列有思维深度的问题，训练学生的语言构建。如诗中写到"有吏夜捉人，老翁逾墙走"，却没有写何时归；写妇人"请从吏夜归"，却没有直接写她是否被带走；结尾写到"独与老翁别"，更是留下宽阔的想象空间。老翁逾墙走后何时归，怎样归？老妇人怎样跟随吏人走？老妇人走后老翁一家以后的生活怎样过？这些问题可以激发学生深入思考并进行语言构建。还可以将这首诗歌改成小

说，让学生充分发挥想象力，实践语言重构，提升语言构建能力。

（3）开展专题学习，提升语言构建能力。语文教材中每个单元都设计了专题学习，专题学习综合了学习资源、学习任务、学习过程和学习目标，是实践语言的有效途径。例如，七年级下册第六单元综合性学习《我的语文生活》，提示："学习语文，可以在课堂，也可以在课外生活中。社会生活给我们的语文学习提供了丰富的资源，如各种书籍报刊、街上的招牌广告、门口的对联、广播电视节目、电影、网络等。语文学习的机会无处不在，只要留心就会有收获。"专题分成三个任务：正眼看招牌、我来写广告词、寻找"最美对联"。这种综合性的专题实践活动，能很好地训练学生使用语言，提升学生的语言构建能力。

2. 加强传统文化的传承与内化，提升语文素养

中国的语言文字博大精深，源远流长。几千年的文明史，流传了许多优秀的传统文化，这些文化构成了我们的民族精神，它承载在众多的名篇佳作中，而其中最精华的佳作被选入语文教材，这些教材是提高学生人文素养和语文素养的最佳材料。

（1）挖掘字词内涵，感受语言文化魅力。中国的语言文字博大精深，历史悠久，韵味悠长。汉字的造字方法（象形、指事、会意、形声等）独特。每一个汉字都蕴含着丰富的含义，如"赢"字，由"亡、口、月、贝、凡"等字组成："亡"有"存亡"之意，意味着时常要有"生于忧患，死于安乐"的危机意识；"口"有"口才"之意，意味着要注重人与人之间的沟通交流，提高沟通能力；"月"有"日月"之意，意味着时间宝贵，要有珍惜时间、时不我待的意识；"贝"有"钱币、钱财"之意，意味着要正确看待金钱，正确看待财富；"凡"有"平凡"之意，意味着对待人生的得失要有平常心，要有平和的心态。这个字意味着,一个人如果具有以上的意识、能力和心态,就能成为人生的"赢"家。成语也蕴含文化,如:讽刺幻想不劳而获,终将一事无成的"守株待兔";比喻人品高尚,用不着自我宣传,自会受到人们尊重的"桃李不言,下自成蹊"。挖掘学习这些字词的丰富内涵,能让学生感受到独特的语言魅力,其蕴含的思想也影响着学生的价值观。

(2)挖掘节日内涵,传承节日文化。节日文化是历史发展的产物,有鲜明的时代印记,更是民族情感的体现。节日文化是传统文化的重要组成部分,是传承传统文化的桥梁。初中语文教材中,有很多关于节日文化的文章,教师如能将节日文化融入课堂,在授课时开展语文综合性拓展活动,就能让学生感受传统文化的魅力。如八年级语文下册汪曾祺先生写的《端午的鸭蛋》,展示的是端午节日文化,可把课文学习安排在端午节来临前。在学好文章内容的基础上,开展"寻根端午文化"综合拓展活动,指导学生整理端午节的起源、历史、名称、风俗、意义及有关端午节的诗词句等;指导学生积极实践,如品尝雄黄酒、悬艾草、包粽子、赛龙舟等;引导学生讨论韩国 2005 年抢注端午节事件,讨论我国 2009 年端午申请世界非物质文化遗产事件。学生在实践活动中能很好地了解和传承端午文化。教师还可以根据我国传统节日众多的特点,将春节、元宵节、清明节、端午节、中秋节、重阳节等按时间先后整理,融入教学拓展中,就能丰富课堂、传承文化。如越秀区外国语实验学校校长秦金华就写过一本书《跟着节日读唐诗》,作为学校第二课堂文化传承课程,收到了很好的效果。

(3)感受戏剧魅力,传承戏剧文化。戏剧是由文学、音乐、美术、舞蹈等多种元素构成的综合艺术,蕴含着传统文化的精华。戏剧是文化精品,是国粹,戏剧文化更需要传承。初中教材入选的戏剧剧本不多,以人教版为例,只有九年级下册第五单元选入了《屈原》（节选）、《天下第一楼》（节选）、《枣儿》等剧本。教师可以通过欣赏戏剧、学习戏剧、寻根地方戏剧、阅读戏曲剧本、演练戏剧节目等多种方式，让学生体验戏剧魅力，传承戏剧文化。

此外，诗歌文言美文更是蕴含着丰富的文化，在教学时要详细点拨，引导学生体验、感悟和传承。

3. 增强学生的思维发散能力，提升语文素养

发散思维是扩散思维、求异思维，是对问题从不同角度、途径去探索，最终解决问题，对培养人的创造力、提升语文素养有重要意义。因此，教师应充分借助教材内容，采用启发式、探究式的授课方式，引导学生学会思考、勤于思考、善于思考，不断提高学生的思维能力。

（1）树立创新意识，提升创新思维传授能力。要培养学生的创新思维，教师必须要树立创新意识，与时俱进，不断更新教学观念、更新知识，掌握最新的教学技能与方法，提升创新思维传授能力。

（2）激发学习兴趣，提高自主学习能力。大教育家孔子曾说："知之者不如好之者，好之者不如乐之者。"学习兴趣是学好知识最重要的动力，是促进学生深入学习、积极思考的重要因素。因此，语文教师要深刻理解课程标准要求，了解学生的心理状态，采用灵活有效的教学方式，不断激发学生的学习兴趣。如教学《咏雪》诗歌，教师可以从学生以前学过的关于雪的诗歌引入，并用"古人是怎样咏雪的呢"过渡。然后，配乐播放有雪花漫天飞舞的优美画面的朗读。接着引领学生吟诵，在吟诵中层层深入探究《咏雪》内容：谁咏雪？咏得怎么样？谁做出评价？以什么方式进行评价？最后，拓展设问，后人如何描绘雪？有哪些诗词、成语、俗语、谚语？再以赞雪的歌曲结尾。整节课生动活泼，又有一定的思维深度，能很好地激发学生的学习兴

趣,促进学生主动学习。

(3)巧设问题质疑,提升发散思维能力。要培养学生的发散思维,教师在教学中要积极调动学生参与课堂,深入文本,体验感悟;要循循善诱,巧设问题引导学生开拓思维。例如,学习完《愚公移山》的文本内容后,可以设计如下问题让学生思辨:"愚公移山困难重重,却为何不选择搬家呢?"又如《社戏》中有半夜看戏返程中偷豆情节,也可以很好地引导学生质疑:"如何看待偷豆事件?作者写偷豆事件有什么用意?是否会冲淡课文的主题?"学生在质疑思辨中加深了对课文内容的理解,锻炼了发散思维。

4. 增强审美鉴赏能力,提升语文核心素养

语文新课标明确指出:"语文应该关注学生情感发展,让学生受到美的熏陶,培养自觉的审美意识和高尚的审美情操,培养审美感知和审美创造能力。"语文教学中渗透美学知识,提升学生的审美鉴赏能力,是语文教育者的重要责任。在初中语文教材中,很多文章文质兼美,非常适合对学生进行审美训练。

(1)运用朗诵吟唱,感受语言美的魅力。从美学观点看,审美教育的第一步就是直观感受美。通过朗诵吟唱,文章语言美的韵味、丰富的感情就会呈现出来。古代语文教学就很讲究朗诵吟唱,如鲁迅先生写的《从百草园到三味书屋》,就描绘了朗诵吟唱的感人场面:"有念'仁远乎哉我欲仁斯仁至矣'的,有念'笑人齿缺曰狗窦大开'的……。先生自己也念书。后来,我们的声音便低下去,静下去了,只有他还大声朗读着:'铁如意,指挥倜傥,一座皆惊呢……'我疑心这是极好的文章,因为读到这里,他总是微笑起来,而且将头仰起,摇着,向后面拗过去,拗过去。"从这段描写可以看出,先生的朗读给鲁迅先生留下了极深刻的印象。初中语文教材中,有很多语言优美、节奏鲜明的文章,语文教师通过朗诵吟唱、展示内容画面、营造优美意境,

就能充分调动学生的听觉、视觉，感受语言美的魅力。如七年级上册刘湛秋写的《雨的四季》，就是语言极为优美的文章。感受雨的形象，就应该从朗读中感知，教师可以设计以美读为目标，兼顾朗读的重音、停连等技巧，将《雨的四季》朗读得流畅而具有美感；在朗读中利用圈点批注的方法，带领学生读出春雨美丽娇媚、夏雨热烈粗犷、秋雨端庄沉思、冬雨自然平静的不同美境，从而体悟出作者爱雨赞雨的情感，写雨感受人生的哲理韵味。文言诗歌教学，更是读字当头，古人云，"读书百遍，其义自见"，读出美感，读出韵味。

（2）创设优美情景，激发审美鉴赏兴趣。利用多媒体和现代科技技术，创设优美情景，激发学生的审美鉴赏兴趣，让学生主动去探究文章内涵，发现美，感受美。例如，在讲解七年级下册的现代诗歌《黄河颂》时，教师可以借助多媒体来播放黄河航拍图及专业讲解，将黄河九曲连环的特征和波涛澎湃的气势展现在学生眼前，让学生一下就感受到黄河的雄壮美；接着播放写作背景及内容解说，再播放黄河颂的诗歌配音展示画面的朗诵，学生能很自然地进入诗歌描绘的优美情景，这时，教师只需指导精要地圈点批注，引导学生理解核心内容，感受诗人对黄河深情的赞美，对祖国英雄儿女的赞美；最后深入思考这首诗的现实意义，再拓展联系当下我国新冠疫情阻击战中涌现出的无数英勇的逆行者，以及国难当头人民团结一致共克时艰的感人情景，诗歌中赞美的伟大而坚强的民族精神与新时代需要的精神融为一体。这样，学生从阅读到鉴赏，得到了很好的审美体验，提升了审美能力。

（3）挖掘文本内涵，提升审美鉴赏水平。新课标明确指出，"阅读是搜集处理信息、认识世界、发展思维、获得审美体验的重要途径，阅读教学是学生、教师、文本之间对话的过程"。因此，文本是教师和学生对话的核心，教师只有深刻挖掘出文本的内涵，才能引导学生对文本深入探寻、理解和感悟，才能引导学生深入体验语文的文学魅力。例如，学习现代著名小说家、散文家沈从文先生写的《云南的歌会》，大多会从歌会标题入手，分析三种不同的精彩民歌演唱面，感受云南少数民族的民俗风情，领会作者对自然的赞美、对善良淳朴人们的赞美、对精彩民歌艺术的赞美，让学生得到美的感受。但如果能进一步深挖文章的内涵及其蕴含的人性之美与文化之美，对文章的理解就能更深入，对美的感受就能更上一层楼。

总之，语文教育工作者要与时俱进，重视学生语文素养的培养。要积极探索，注重提高学生的语言构建能力，加强文化传承，拓展学生思维，提高学生的审美鉴赏能力，提升语文素养，促进学生核心素养的形成，这样，语文教学之路才能走得更远。

参考文献

［1］教育部关于全面深化课程改革　落实立德树人根本任务的意见［EB/OL］．（2014 - 04 - 08）．www. moe. gov. cn/srcsite/A26/jcj – kcjcgh/201404/t20140408_ 167226. html.

［2］教育部. 中国学生发展核心素养［Z］. 2016.

［3］蒋军晶. 让学生学会阅读：群文阅读这样做［M］. 北京：中国人民大学出版社，2016.

［4］林崇德. 21世纪学生发展核心素养研究［M］. 北京：北京师范大学出版社，2016.

［5］蔡可. 学科核心素养与课堂转型［J］. 语文学习，2018（3）：9 – 13.

［6］段立群. 语文学科课程群［M］. 上海：华东师范大学出版社，2019.

［7］张秋玲，王彤彦，张萍萍. 新版课程标准解析与教学指导：初中语文［M］. 北京：北京师范大学出版社，2012.

浅谈启发式教学思想在思想品德课堂教学中的应用

广州市白云区同和中学　张宝富

一、对启发式教学思想的基本认识

（一）启发式教学思想作为注入式教学思想的对立面，自古有之

启发式教学思想是指从学生的实际出发，以学生为学习的主体，引导学生积极思维，使他们自觉地完成学习任务，从而培养和提高学生分析问题和解决问题能力的一种教学思维体系。

我国最早提倡启发式教育思想的是孔子，他在《论语》中说"不愤不启、不悱不发，举一隅不以三隅反，则不良也"，主张对学生的学习要诱导指引，开拓学生的思想，不要强夺、代替。夸美纽斯也指责当时欧洲流行的经院主义教学，提出"没有被悟性彻底领会的事项，都不可用熟记的方法去学习"。第斯多惠在教学方法上，反对教条式的讲述方法，强调引导学生进行积极思维，体现学生学习的主动性。毛泽东同志也指出"要提倡启发式，废止注入式"。然而，作为一种符合学生自身的心理发展规律，也符合教育自身规律的指导思想却未能在历史上成为教学的主流。当然，这是一个非常复杂的问题，不是本文讨论的话题。

（二）启发式教学思想是当今新课程改革，尤其是思想品德课堂教学改革的需要

我国的教育体制改革历经30多年，教学改革不断进行，取得了令人瞩目的成就，尤其是"高效课堂"教学模式的探索已初有成效。启发式教学思想经过几千年的不断演变，其合理性和科学性已被人们认可，逐渐成为当今教育教学的主导思想。《基础教育课程改革纲要（试行）》也指出，"改革课程实施过于强调接受学习，死记硬背，机械训练的现象，倡导学生主动参与，乐于探究，合作学习"。

思想品德教育是我国学校教育的主要课程，在教学中占有非常重要的地位，因为它是青少年形成健康的心理，树立法制观念，形成良好的社会观，掌握心理常识、法律规范，树立人生理想，增强社会责任感的重要指南，对青少年的成长、培养学生的主体人格至关重要。但是，由于种种原因，长期以来思想品德课的评价功能被无限度地夸大了，教师的"教"和学生的"学"都疲于应付。比如当今的各种考试，虽然答案的形式是多样的，但内容是固定的，学生作题时，要千方百计地揣摩出题人的出发点和角度，而老师也要通过各种各样的研讨会等渠道去获取信息，课堂也就为争取优异考试成绩的主战场，教师是指挥官，学生是接受指挥、服从命令的士兵。长此以往，就失去了它本来的意义，成为一种升学和争取各种荣誉的手段，培养出的学生只知道把增强社会责任感停留在理论层面，只会"纸上谈兵"。在这种情况下，研究和讨论启发式指导思想在思想品德课课堂教学中的应用就显得尤为重要了。

二、启发式教学思想在思想品德教学中的运用

（一）注重体验式学习，培养学生的自主意识和实践能力

有人曾做过相关的实验：阅读的信息，我们能记住10%；听到的信息，我们能记住20%；但所经历过的事，我们能记住80%。这就是我们注重体验式学习的好处。体验式学习是泛指学习者亲身介入实践活动，通过认知、体验和感悟，在实践过程中获得新的知识、技能、态度的方法。它强调从学生已有的生活经验和知识背景出发，要求教师在教学中为学生设立全过程亲身实践、亲身体验、合作探究的学习程序。

学生的学习是在原有知识的基础上，不断吸收新知识，完善知识体系，促进能力发展的过程。根据思想品德课的特点，可以把课堂教学延伸到现实生活中，因为它就是来源于社会生活，很容易产生共鸣。比如高一思想政治中有一节是讲"存款储蓄利国利民"这一内容的，里面牵涉存款的方式。传统的讲法就是利用表格或讲解把活期存款和定期存款对比一下，使学生记住，包括定期存款的四种形式及各自的利率，这是一个相当难记的内容。而实际上，它又是人们日常生活中常接触的事情，只要经历过很容易掌握，与其死背，不如让学生利用周末到银行亲自体验。于是，我事先安排学生拿一些钱分别以不同的形式存储到银行，过一段时间再取出来，到上这节课时，学生就对所有的东西一目了然了。这既是一种变通，也是一种应用，更符合学习思想政治的方法——理论联系实际。它也引导学生注重学习体验和生活体验，使学生既能掌握课本中的知识，又能体验一种社会活动，对青少年的自身成长是非常有利的。

思想品德课带有较强的政治色彩，是为统治阶级服务的，它

是对党和国家的政策进行宣传教育的一种手段，肯定会带有某种倾向性。有些内容从学生的角度来看不免有些牵强附会，教师在讲授时很难表达得非常清楚，只能要求学生强记，以求以后会明白，但有时往往事与愿违。初中课本和高中课本都讲过关于我国税收的性质——取之于民，用之于民，很多学生对此都深有疑问，难道资本主义社会不是吗？一般情况下，教师在讲解时也只能以生产资料的所有制，人民群众是国家和社会的主人这个角度来说明，显然缺乏说服力。对于这个问题，我曾听说有一位学生对他的政治老师讲了一件事：有一年暑假，他去澳大利亚旅游，在商场买了价值100元的东西，但要额外交10元税；而且在商场的一角，很明确地说明这些钱的用途是员工福利和作为国家财政收入用于基础建设。他说，税收在资本主义和社会主义条件下没什么区别，反而资本主义的税收更能体现"取之于民，用之于民"的性质，他有一种被欺骗的感觉。这时最好的办法就是老师创造条件，让学生自己去找答案。上课前我一般让学生做三件事：上网查找反映我国生产力水平的相关数据并与发达国家相比较；上网查找我国国家财政收入的主要来源和相关用途并与发达国家相比较，特别是相关数据的比较；外出走走，观察身边的事，感受身边的变化。学生在完成作业的过程中就会明白：事物是发展的，发展总要经历一个由不完善到完善的过程；更重要的是要适时启发，引导学生通过自己的体验和思考，正确理解和认识我国发展过程中所出现的问题。

（二）强调合作学习，培养学生的探究意识和协作能力

合作学习是指"学生在小组或团队中为了完成共同的任务，有明确的责任分工的互助性学习"。《国务院关于基础教育改革与发展的决定》指出"鼓励合作学习，促进学生之间相互交流，

共同发展，促进师生教学相长"。

众所周知，思想品德课理论性强，政治色彩浓。教师在教学过程中，不能片面地进行理论堆积和绚丽政治色彩的涂抹，而应该让学生学到实实在在的东西。这不仅是对学生的一种责任，也是教师自身生命价值的体现和自身发展与人生完美的需要。合作学习的方式就能体现这种完美结合。教学过程中的师生合作、生生合作，使教师和学生都获得解放，是课堂教学改革的一种深化和升华。这种思想要求把课堂还给学生，对一些课堂内容完全可以给学生合作完成。比如政治学有一节内容是讲"中国不能实行西方的多党制或两党制"。学生会问："凭什么呀？"他们对美国的总统大选颇为熟悉，认为每一个人都可以拿着选票选自己心目中的总统，那充分地体现了民主，再加上我国由于反腐败力度加大，很多贪官污吏浮出水面，多少会影响党在他们心目中的形象。他们心中会有个大的问号——为什么我国不采取多党制或两党制？单纯的书面知识很难把他们心中的问号抹去。这时，教师可以让学生以辩论的形式去组织这堂课。而教师所要做的就是布置前期的工作：①就学生的疑惑拟定针锋相对的两个辩题：正方辩题——中国应该采取两党制或多党制；反方辩题——中国不能采取两党制或多党制。②将学生分成两大组，指导学生根据辩题搜集相关资料。③做好准备，扮演评委主席的角色。教学中教师以评委主席的角色驾驭课堂，借助学生辩论赛的形式，用学生自己的话来澄清自己的观点，给他们自我表现的机会。教育学告诉我们，渴望表现是中学生的主要心理特征。学生在独立思考的基础上进行合作学习，既可以引起浓厚的学习兴趣，养成刻苦钻研的习惯，提高学习效率，又可以培养良好的协作意识。所以教师应多采取一些灵活的方法，给学生自我表现的机会，让学生充当教学主角，使学生在教师的启发下，通过自学、思考、质疑、问难、论证肯定，从而达到掌握知识、活跃思想、深化认识、锻炼能力、提高觉悟的教学目标。

（三）创设情境，培养和提高学生分析问题与解决问题的能力

启发式教学指导思想强调的是能力的培养，而这种能力是靠教师在教育教学过程中运用灵活多变的教育手段，引导和激发学生本身所具备的潜能而锻炼和培养出来的，这就要求教师在授课过程中不能仅从课本出发，也不能仅从分数出发。思想品德课具有较强的生活性和时政性，如果教师授课只注重理论的传授，它就失去了传授的价值和意义。要讲好思想品德课，就必须坚守一个原则：理论联系实际，赋陈旧的理论以新的意义，它才能具有永久的生命力。这时教师在教学过程中创设恰当的教学情境，寓理于事，让学生在讨论和分析具体事例中明白道理，从而达到教学目的。

教学过程中创设教学情境，可以造成学生心理上的悬念，从而唤起学生的求知欲，激起学生的学习情趣，将学生带入一种与问题有关的情境中，诱发他们产生积极思考的欲望，并积极投身到学习活动中去。教学中要充分利用好教材提供的教学情境，并根据学生的实际情况进行进一步的开发和拓展。如八年级思想品德上册第六课"网络交往新空间"有几个案例，我根据课文内容将它们重新整合成以梅平为主人公的故事情境：一次偶然的机会，梅平的"怪病"通过网上求医治好了；从此梅平爱上了网络，通过网上学习，更进步更自信了，并帮老师建立了个人网站；梅平上网的时间更长了，学习成绩下降了，而且还结交了网友天马；网友天马约梅平见面，在好奇心的驱动下梅平和天马见面了；在天马的威胁下，梅平干起了偷窃的事，并帮手贩卖毒品；公安机关捣毁贩毒团伙，梅平也因此受到法律的惩罚。一个简单的故事情境，包含了第六课全部的理论知识。学生通过分析

讨论梅平每一个阶段的行为，就能领悟其中的道理，理解和掌握课文的相关知识。

另外，生活是学习情境的丰富源泉，结合学生熟悉的现实生活创设教学情境最能激起学生的学习兴趣，引发学习的动机。因此教师要了解学生，熟悉学生生活，捕捉学生身边的素材，挖掘学生生活中丰富的教学情境，根据生活经验，创设模拟化情境。

（四）巧设问题，培养学生的思维能力和创新精神

创新是一个民族的灵魂，是一个国家兴旺发达的不竭动力。而创新就要不断解放思想，实事求是，与时俱进，思想政治课教学中最注重这一点。亚里士多德说："思维是从疑问和惊奇开始的。"问题是思维的起点，也是思维的动力。教学中要想更多地吸引学生的眼球，恰当地设疑启思往往是最直接、最有效的办法。

比如"一国两制"这一课，我们可以让学生先了解知识结构，从香港、澳门问题的由来，到"一国两制"的形成过程，再到付诸实践成功，并总结其意义。在此基础上提出问题：香港、澳门为什么能顺利回归祖国？如果不用"一国两制"的方针，而用社会主义制度来解决，你觉得香港、澳门能够顺利回归吗？通过对问题的讨论，学生不难明白：改革开放使中国强大起来了，中国的国际地位提高了；"一国两制"是一种创新，是邓小平同志对马克思主义的国家学说的大胆发展，邓小平同志的创新精神是我们学习的光辉典范。

我曾经参加过"一课两讲"的教研活动，内容是八年级思想品德上册第五课的"世界文化之旅"，有一位教师设计的问题很棒。教师首先播放了杨丽萍的舞蹈《雀之灵》和俄罗斯的《天鹅湖》的视频，然后提问：你喜欢哪种舞蹈？为什么？学生的选择有三种，并能用自己的语言将文化的多样性、丰富性、独

特性、差异性等特点表述出来；而学生的三种选择又恰好体现了传承中华文化，尊重外国文化，各国文化平等交流、相互学习的思想，在老师的点拨下，学生明白了其中的道理，文化没有国界，民族的也是世界的，各国人民共同谱写着世界文化的和谐新乐章。

三、启发式教学思想在指导课堂教学中应注意的几个问题

曾经听过这么一件事情：一个外国教育考察团到我国某市进行教育考察，市教育行政部门安排该考察团到一所学校听公开课。整节公开课上，教师提问，学生对答如流，过程流畅，课堂氛围异常活跃，上级和学校领导都非常满意，认为是一节非常成功的公开课。但外国考察团成员都默不作声，问起原因，其中一位成员说："这节课没有任何意义，教师需要达到的教学目的，学生已经全部掌握，为什么还要浪费一节课的时间去展示呢？"听了这件事情之后，我深有感触，课堂教学该给予学生什么？是一味传授已有的书本知识，还是发掘他们的潜能，把他们的创造力诱导出来，唤醒他们的生命感和价值感？因此，教学时要特别注意几个问题。

（1）要坚持启发式的教学思想，关键是要摆正教师和学生的位置，要在发挥教师主导作用的同时，充分发挥学生的自我教育功能和主体作用，调动学生的积极性和主动性，激发学生学习的兴趣和热情，使学生主动学、积极学、轻松学，进而收到预想的学习效果。

（2）随着素质教育改革的不断深入，教师的思想观念在变，最起码是尝试在变，但由于没把握住"启发式"的实质所在，不由自主走回了老路。比如一个教师在讲《邱少云的故事》时有这样一段师生对话：

老师问:"邱少云身上是怎么烧着的?"
学生答:"敌人打出的燃烧弹烧着的。"
老师又问:"邱少云身后有什么?"
学生答:"有一条水沟。"
老师再问:"邱少云跳进水沟里没有?"
学生答:"没有。"
老师接着问:"邱少云最后怎么样?"
学生答:"牺牲了。"

这是启发式吗?很显然不是,老师所问和学生所答全部在书本上,学生根本不用动脑。其实,教学过程就是设置一种情境,使学生产生一些疑问,在解疑的过程中培养学生的创新意识和能力。

(3) 创设情境、设计问题要切合学生的实际,不能超越学生的认知范围和思维能力。比如在"世界文化之旅"的"一课两讲"中,另一位教师同样先播放了中国民族舞蹈和俄罗斯的《天鹅湖》视频,然后提问:二者有何不同?学生们不是搞舞蹈专业的,回答的结果可想而知。教学活动也因此出现停滞,显然不能达到预期的教学目标。

(4) 提倡启发式教学思想,但并不能排斥注入式教学思想,它们是一个矛盾的两个方面,二者是相辅相成、互相促进的。恰当地运用注入式教育思想,强调教师对某些知识的讲解和学生对知识的记忆也是必要的,它是培养学生思维和创新精神的前提。在教学过程中,教师不能方法单一,要根据学生的实际采取灵活多样的办法,以知识为载体,培养学生对知识的灵活把握和运用,进而增进聪明和才智。

启发式教学的教育思想博大精深,意义深刻,但其主旨只有一点:给学生插上思维的翅膀,帮助其翱翔!我们在教学实践中要以科学发展观为指导,大胆探索,不断创新,不断反思,才能实现有效教学，才能促进学生主体发展和教师专业发展的全面发展、协调发展和可持续发展。

参考文献

［1］柳海民. 教育学［M］. 2 版. 北京：中央广播电视大学出版社，2011.

［2］俞启定. 中国教育简史［M］. 北京：中央广播电视大学出版社，2000.

［3］应俊峰. 研究型课程［M］. 天津：天津教育出版社，2002.

小学教师职业幸福感与专业成长途径的关系研究

广州市白云区东平学校　胡　蓉

教师的职业幸福感，简而言之就是指教师在教育教学活动过程中感受到的稳定、和谐、健康的愉悦状态。古人云"桃李满天下"，就充分体现了教师的那种快乐、满足的心理状态。按照马斯洛的"需要层次理论"进行推断，职业幸福感就是指个体在本职工作中，由于"自我实现"的目的得到满足之后，而产生的一种美好的感觉。对于小学教师来说，能否感受到职业幸福感显得尤为重要，不仅对教师自身的心理状态有影响，更会对青少年的人生观、价值观造成巨大的影响。

一、小学教师职业幸福感的调查分析

笔者按照专家研究制定的职业幸福感量表进行调查，随机对广州市430位小学在职教师进行了问卷调查，并对其中部分教师进行访谈。本次调查共发出430份问卷，实际收回425份问卷，回收率达到98.8%，其中，有效问卷407份，有效性为94.8%。对研究结果分析如下。

1. 广州市小学教师的职业幸福感现状分析

在被调查的407名教师中，通过问卷调查第一部分得出个人幸福感相关基本数据，从中可以进行一些有意义的分析。但是具体到不同的学校，又会有所差别，小学教师在不同学校感受到的幸福也有所不同，不同的环境对其幸福感的影响程度也不同，其中的现象及原因就是我们研究的方向。

2. 教师的职业幸福感总体及各维度的描述统计分析

从统计中可以看到，教师在社会支持、家长和学生因素方面得分较高，主要是社会对教师职业的认可度越来越高，使得教师能够感受到被尊重和幸福。在工资待遇方面，教师参照公务员管理，近年来工资待遇有了较大的提升，再加上本身拥有的两个假期，与社会上大多数行业对比，教师的幸福感相对较高。

二、小学教师专业成长的现状分析

1. 重视教师个人专业发展的目标和意愿

我们从问卷调查中清楚地看到：大多数教师对自己的专业发展有一定的规划，教师渴望在专业发展上取得进步和成长，在内心深处都有自己的发展目标。这说明只要学校注意激励和调动教师的积极性，不断完善管理和评价机制，完全有可能建设一支高素质的教师队伍。

2. 通过专业课例的引领，促进教师的专业发展

教师的专业发展的主要阵地就在课堂，教师的专业水平提高需要与教学实际相结合。在问卷调查中，有的教师认为进行互助学习能够使自己提高得更快，教师培训的起点就在于通过最初的模仿获得专业领悟，这条成长之路是受到广大教师欢迎的。

3. 师生间加强沟通和配合，有利于教师专业成长

学生与教师的沟通和配合直接影响教师的专业发展。在问卷中，绝大多数教师能够认识到：激发学生的学习兴趣，提高学习效率，培养良好的习惯，是提高课堂教学效率和学习成绩的重要途径。

4. 科研课题研究引领专业发展

在问卷调查中发现，教师会进行小课题的研究，但是缺少专家的指导。有的教师参与了区级以上的课题研究，感觉压力很大，不知道如何发展科研水平和能力。大多数教师只是结合教学

实际进行研究,难以进行思维拓展。

5. 评价机制要公平全面

目前,小学教师都有绩效奖励工资,实行一校一方案。在问卷调查和访谈中,教师普遍谈到学校绩效方案对自己的影响:有的教师认为学校的方案打击了自己的工作积极性;有的教师认为差距不大,自己的辛苦付出没有得到应有的回报;还有的教师认为绩效方案中的评价给自己造成很大的压力,使自己的自信心受到影响。

三、小学教师专业成长与职业幸福感的关系分析

(一) 两份问卷的结果对比

1. 教师职业幸福感的提升有助于教师的专业成长

从两份数据统计结果来看,幸福感高的教师在专业成长途径上明显更加主动积极,在教学教研培训、阅读方面更加重视,自我发展的愿望强烈。幸福感低的教师对阅读、培训、教研等都不感兴趣,他们对职业缺乏信心,将社会压力放大化,将自己的不快乐情绪带到教育过程中,对学生的影响也是负面的。

2. 来自不同等级学校的教师幸福感不同

在问卷调查过程中,我们感受到教师对学校的认同度越高,他的幸福感指数就越高,在专业发展途径上也存在很大的差别,学校的教研培训方式和家长及学生的整体素质有一定的差别,对教师的专业提升也有相当大的推动力。尤其是在各类示范性学校中,教师对外展示的机会较多,感受到的荣誉感和成功感也相对多些。

3. 职称不同的教师幸福感也不同

在数据分析中,我们将教师的职称进行分别整理,发现:小学高级教师的幸福感较高,他们基本处于教学成熟期,有一定的

教育教学经验，工资待遇处于中级水平；职称较低的一级教师甚至二级教师幸福感则偏低一些，他们认为自己完成了更多的工作任务，获得的工资报酬却差别很大，影响了幸福感。

4. 城乡学校教师的幸福感差别也较大

在问卷调查中，城区学校的小学教师感觉受到家长的重视较多，同时压力也较大；农村学校的教师受到家长的关注较少，压力相对也较小，但是家长对子女的教育重视程度也相对更低，教师感受的幸福感也有所不同。

5. 公民办学校的教师幸福感差别很大

在问卷调查中，公办学校的教师职业幸福感普遍高于民办学校的教师，这主要是受经济因素的影响，民办教师的流动性也更大。许多民办教师只是在学校进行一定的锻炼，积累经验后就会去寻找新的高薪岗位，因而幸福感和归属感会受到很大的影响。

6. 不同年龄段的教师幸福感也不同

在中青年教师中，幸福感居于中间的较多；在中老年教师中，幸福感高分值的较多。这种现象表明教师的幸福感随着年龄的增长会逐渐增长，教师在成长的过程中不断感受幸福，尤其是目前退休教师的待遇同比较高。

综上所述，教师的专业发展与职业幸福感息息相关，教师的专业发展是幸福感的来源，幸福感是教师发展专业的内动力。

（二）提高教师幸福感的对策及建议

通过相关的调查研究，我认为如果在以下方面加强工作或许会取得一定的效果：

1. 关注教师的生活状况

学校管理者要真正关心爱护教师，让教师能够全情投入教育教学工作中，学生才能获得最优质的教育，这也是为教育事业做的最好的事情。在工作中给予教师人文关怀，教师的内心将充满幸福，再将这种关怀和温暖在教学过程中传递给学生，这就是所谓的"以爱生爱"，和谐的教育氛围对师生都是有益的。

2. **雁阵引领，提升对教师职业的认识**

学校教育管理者要发挥领头雁作用，引导教师正确对待自己从事的职业，让更多的教师认识到：学生的成长就是教师价值的实现。只要教师能够转变工作和生活的态度，以良好的心态来面对现实，不妄自尊大，悦纳自我，教师才会热情地对待工作和生活，把教育活动作为体验幸福的过程，这就是职业境界在提升。

3. **加强培训，引领教师思考幸福人生**

教师的幸福感主要来自内心体验和精神层面。教师的职业幸福感与专业化发展水平有着密切关系。学校管理者要真正关心教师，就要帮助教师在专业方面成长起来，使教师享受专业成长和事业发展的幸福。注重加强专业培训，让教师体会到优质的培训就是最好的福利。

4. **开展文体活动，丰富精神生活**

学校管理者可以充分利用现有条件为教师的健身和娱乐等提供保障，需要的只是行动的支持：首先，提供时间，这是最重要的先决条件；其次，根据教师兴趣爱好特点举行生活娱乐培训，通过举行团队活动促进教师之间的交流合作；最后，请专家为教师做健康知识讲座和定期体检，指导教师科学发声，教会教师搭配合理膳食等。

5. **改进对教师的评价管理方法**

首先，学校在进行绩效评价时，要注意转变观念，制定评价指标时多听听教师的意见，尽量全面公正地评价教师的工作；同时，改进成绩评价管理。其次，适度淡化教师之间的竞争，促进教师之间团结协作，因为合作能促进交流，并在一定程度上缓解教师焦虑，解放教师心智，并在根本上缓解学生的压力，解放学生的心智。

（三）促进教师专业成长途径的研究及建议

教师的专业发展是一个动态的发展过程，要成长为一个成熟的教育专业人员，教师个体的自我造就、自我发挥尤为重要。

1. 树立促进学生发展的职业理想是教师专业发展的基础

课程改革的一个突出思想是以学生为本，它要求教师适应学生的发展，尊重学生及其个体差异，成为学生发展的促进者。教师要对每个学生的成长和发展负责，把促进学生的发展作为自己的职业理想，这是促进教师专业发展的基础。

2. 学习借鉴是教师专业发展的有效方法

在新课程改革的今天，做学习型教师应当成为每一位教师的追求目标。教师必须具有积极主动的学习风格，真正把学习看成生存发展的需要。教师树立终身学习的观念，经常学习，能获取许多有益于改进教育教学工作的信息，能让自己充分体验学习的酸甜苦辣，知道怎样的学习才更有效，从而更有效地指导学生学习。

3. 参与教学研究是促进教师专业发展的重要途径

时代在不断变化，教材再怎么更新，总会或多或少地滞后于时代的发展。此外，在新课程实施过程中，新问题、新情况会不断涌现，很多问题用过去的经验、理论来应付和解释就行不通了，这就要求教师充分发挥自身的教育智慧，在遵循教育规律的基础上大胆"标新立异"，认真研究教学过程中出现的新事物，不断总结教学经验，不断创新教法，由"教书匠"成长为"研究者"，适应新时代教育的需求。

4. 教学反思是促进教师自我专业造就的重要手段

用研究者的眼光，对自己的教育教学实践和身边发生的教育教学现象进行审视、反思、分析、探究，将教师日常的教学工作和教学研究融为一体。事实上，无数优秀教师的成长经历有着相同的特征，即不断地借助自己教育教学实践的行为研究，不断地反思自我对学科、学生学习规律、教育价值取向、教育方法、教育手段以及经验的认识，以提高自我专业水平。

此外，我们还看到：当前很多学校发展不均衡，教师配置不合理。其中有制度的问题，也有资源配备、地区经济发展等各方面的问题，但作为学校管理者，应当大胆改变观念，创新思维，充分利用现有资源，采用交流、整合等办法，不断加强学校师培工作，促进教师专业发展的良性循环。

当然，在实际工作中，我们还将遇到各种各样的问题和困难，这就需要我们结合实际，选择那些易行又有实效的方法，并且不断学习、不断反思，努力促进自身在管理工作中的专业发展。

参考文献

[1] 卢晓中. 试论教师的专业化 [J]. 高教探索，2002（4）：27-29.

[2] 肖丽萍. 国内外教师专业发展研究述评 [J]. 中国教育学刊，2002（5）：57-60.

[3] 赵显莲. 教师的专业发展研究 [D]. 重庆：西南师范大学，2004.

[4] 宋吉缮. 论教师职业的专业化 [J]. 清华大学教育研究，2003（1）：69-75.

[5] 刘捷. 教师职业专业化与我国师范教育 [J]. 天津师范大学学报（社会科学版），2001（2）：75-80.

[6] 黄崴. 教师教育专业化与教师教育课程改革 [J]. 课程·教材·教法，2002（1）：64-67.

[7] 孙阳春. 教师专业化：以何为基点 [J]. 教育发展研究，2003（1）：58-59.

[8] 龚友德. 关于教师专业化的理性思考与建议 [J]. 常熟高专学报, 2002 (6): 10-14, 87.

[9] 袁贵仁. 加强和改革教师教育 大力提高我国教师专业化水平 [J]. 人民教育, 2001 (9): 24-26.

[10] 教育部师范教育司. 教师专业化的理论与实践: 修订版 [M]. 北京: 人民教育出版社, 2003.

[11] 丁金泉. 试论教师专业化的政策选择 [J]. 黑龙江高教研究, 2002 (6): 153-155.

[12] 张民选. 专业知识显性化与教师专业发展 [J]. 教育研究, 2002 (1): 14-18, 31.

[13] 王长纯. 教师专业化发展: 对教师的重新发现 [J]. 教育研究, 2001 (11): 45-48.

[14] 陈永明. 现代教师论 [M]. 上海: 上海教育出版社, 1999.

[15] 钟启泉. 教师"专业化": 理念、制度、课题 [J]. 教育参考, 2001 (12): 12-16.

[16] 刘荣秀. 走在幸福的边缘: 农村教师职业幸福感状况的质性研究 [D]. 长沙: 湖南师范大学, 2006.

[17] 杨静, 熊少严, 等. 2011年度广州市教师队伍发展分析报告 [R]. 2012.

[18] 颜运珍. 教师幸福感从专业发展开始 [J]. 中国教育学刊, 2008 (4): 74.

[19] 冯建军, 教育幸福: 教师专业发展的重要维度 [J]. 人民教育, 2008 (6): 23-26.

[20] 倪林英, 杨勇波, 雷良忻. 小学教师的主观幸福感及其影响因素分析 [J]. 中国学校卫生, 2006, 27 (1): 16-17.

[21] 王继荣. 大连市初中、小学教师主观幸福感的调查研究 [D]. 辽宁师范大学, 2006.

[22] 杨婉秋. 中小学教师主观幸福感研究 [J]. 健康心理学杂志, 2003, 11 (4): 243-244.

[23] 陈艳华. 谈教师的幸福 [J]. 济南大学学报（社会科学版）, 2003 (1): 78-81.

[24] 刘次林. 教师的幸福 [J]. 教育研究, 2000 (5): 21-25.

[25] 黄正平. 幸福感：师德修养的理想境界和目标追求 [J]. 江苏教育学院学报（社会科学版）, 2003, 19 (5): 14-17, 29.

[26] 檀传宝. 论教师的幸福 [J]. 教育科学, 2002 (1): 39-43.

[27] 曹俊军. 论教师幸福的追寻 [J]. 教师教育研究, 2006 (5): 35-39.

[28] 杨玉红. 浅议教师的职业幸福感 [J]. 科技信息, 2008 (29): 229, 264.

[29] 唐志强. 提升小学教师职业幸福感的对策 [J]. 现代教育科学（普教研究）, 2010 (2): 89-91.

[30] 张兆芹, 庞春敏. 教师职业幸福感及其提升策略 [J]. 教学与管理, 2012 (4): 25-28.

[31] 张道理, 华杰, 李晓燕. 教师职业幸福感的缺失与重建 [J]. 黑龙江高教研究, 2010 (12): 108-111.

课题研究篇

外来务工人员子女优秀道德品质的培养与研究成果报告

广州市白云区嘉禾中学　范智娟

一、问题的提出

社会的健康发展与我们每个人的道德品质高低有着密切的关系，公民道德品质的培养有利于提高社会公德。在公民道德品质高的社会中，人与人、人与自然的关系都会是和谐稳定的。道德品质是一定社会的道德原则和规范在个人观念和行为中的体现，是一个人在一贯的道德行为中表现出来的稳定的特征和倾向。拥有优秀道德品质的人，身上有一种能量，积极进取，能得到别人的赏识，从而取得一定的成就。大多数成功人士之所以能够取得成功，很大程度上取决于他们身上所具备的一些优秀道德品质。

外来务工人员是城市建设的主力军之一。随着国家教育政策的变化，外来务工人员子女进入城市义务教育学校就读逐年递增。广东是外来务工人口第一大省，义务教育就读的外来务工子女高居全国第一。外来务工人员子女的思想道德状况，直接关系到中华民族的整体素质，甚至关系到国家前途和民族命运。高度重视对外来务工人员子女的教育培养，培养外来务工人员子女优秀的道德品质，促进他们的健康成长，不仅关系到千百万家庭的幸福与安宁，更关系到经济社会的和谐发展。2018年9月，习近平总书记在全国教育大会上发表了重要讲话，指出"要把立德树人融入思想道德教育、文化知识教育、社会实践教育各环节，贯穿基础教育、职业教育、高等教育各领域，学科体系、教学体系、教材体系、管理体系要围绕这个目标来设计，教师要围绕这个目标来教,学生要围绕这个目标来学。凡是不利于实现这个目标的做法都要坚决改过来",并强调"培养什么人、怎样培养人、为谁培养人是中国特色社会主义教育要着力解决的根本问题、核心问题"。

我校889名学生中,外来务工人员子女就接近400人。这些外来务工人员子女来自不同的地区和家庭,与本地学生家庭贫富差距较大,在心理和行为上与本地学生存在着较大的差异和隔阂。对他们进行抽样调查的结果显示,大多数孩子存在说过谎话等不诚信、不守信用的行为;心理上存在着一定程度的不平等感、被歧视感,性格孤僻,敏感;生活习惯上不卫生;行为上缺乏教养和文明,经常我行我素;家庭教育上缺乏正确引导,父母自身受教育程度低,文化素质不高,有不少家长采用的是打骂式、恐吓式的教育,对孩子的发展造成了一定的不良影响。

二、解决问题的过程与方法

(一)解决问题的过程

1. 理论建构

2014年2月,我们申报了广州市教育局宣传与思想政治教育处课题"外来务工人员子女优秀道德品质的培养与研究"项目,6月获得立项。项目主持人范智娟主要负责文献研究和理论建构,基于教育心理学和道德教育心理学理论,建立优秀道德品质培养的理论模型,模型主要包括:优秀道德品质培养的教育心理学和道德教育心理学理论依据、优秀道德品质的原则、培养优秀道德品质的策略、培养优秀道德品质的途径等。同年9月,从学术理论和逻辑上构建出优秀道德品质的培养模式。

2. 实践修正

2014年9月—2016年9月,19位课题组成员根据优秀道德品质的培养模式对全体外来务工人员子女进行培养,并对个案进行跟踪。在此过程中,各课题组成员根据自己学科的特点,对模式进行具体化和学科化,并形成了丰富的教育教学案例和课例。项目负责人以课题组成员实践为基础,对学生优秀道德品质的培养进行了重新审视和修正,最终于2016年10月,形成了具体的操作模式,11月顺利结题。

3. 应用、推广与检验

从2016年11月开始,颜乐天纪念中学、嘉禾中学、肇庆市铁路学校开展应用、研究和检验,取得了良好的效果。

(二) 解决问题的方法

该成果主要采用理论研究和实践研究双向修正的方法,综合运用了调查法、行为研究法、案例研究法、个案研究法等多种研究方法。首先进行调查研究,梳理出优秀道德品质培养的理论基础,构建出活动模式和方案;然后通过行为研究、案例研究和个案研究,不断收集和提炼优秀道德品质培养的相关实践材料,通过概括和提炼,从而获得外来务工人员优秀道德品质培养的普适性操作模式。具体研究方法如下。

1. 调查法

调查外来务工人员子女的家庭状况、教育状况、心理状况和行为习惯,分析家庭、社会对外来务工人员子女的道德品质的影响。

2. 行为研究法

(1) 组织丰富多彩的德育教育活动,探究外来务工人员子女的不良行为、心理品质的共性与个性,有针对性地开展教育活动。

(2) 教师利用教育教学中的优势,利用课堂教学的主阵地,对外来务工人员子女的行为习惯、思想品质、心理品质等开展研究,从而在教育教学的实践中,找到有关解决问题的方法。

3. 实验法、对比法相结合

（1）与城市学生对比实验研究，找出不同教育环境下、家庭背景下两类学生的共性特点与个性特点。找出差异，运用多种途径和方法进行实验研究。

（2）跟踪式研究，建立研究档案。

4. 个案研究法

对个别典型学生，采用跟踪研究，掌握教育这类学生的有效方式、方法。

三、成果的主要内容

（一）围绕课题进行传统文化的学习、培训与交流，提高全员育人意识与教育水平

（1）利用传统文化，有计划地组织教师进行师风师德学习。

（2）组织全校教职工进行传统文化教育校本培训。每学期，学校都会进行传统文化进校园的校本培训。

（3）为了明确传统文化在学校德育中的作用，学校还积极组织课题组老师参加各种外出学习、参观活动，并组织了一系列活动。

① "聚焦课堂"系列——各年级优质课课例、优秀教学案例、教学实录、传统文化微课堂等展示活动；

② "科研引领"系列——中华优秀传统文化教育优秀论文、课题研究阶段性成果、校本教材研编等展示活动；

③ "七星社团"系列——琴、棋、书、画、报、雕刻、泥塑、戏剧、编织、剪纸、足球等社团展示活动；

④ "青春旋律"系列——大课间、吟诵团、定向越野等展示活动；

⑤ "校园内外"系列——校园文化建设、校外宣传措施、

传统文化进社区、家校合作等成果展示活动。

通过这一系列的观摩学习,课题组教师积累了丰富的经验,从而进一步丰富了我校传统文化教育的活动内容。

(二) 形成学科渗透优秀道德品质培养的教学模式(见附图表),积极拓宽优秀道德品质教育的实践阵地

1. 传统文化课、班会课、思品课是主战场

传统文化课、班会课、思品课是我校培养外来务工人员子女优秀道德品质的主战场。我校每周都开设一节国学课,还编辑了具有本校特色的校本教材《明德惟馨》。

在我校,各班级每周都根据本班外来务工人员子女的道德品质发展情况有针对性地开展各类主题班会课、思品课,通过活泼自由的形式,培养外来务工人员子女的优秀道德品质并取得良好的效果。为进一步加强班主任对外来务工人员子女的优秀道德品质培养,增强德育的实效性,我校开展了以传统文化为内容的班会课展示活动,通过优秀班主任的班会课展示,交流教育经验,特别为年轻教师提供了宝贵的学习机会。

2. 其他学科是游击战场

学科教学任务不仅在于传授学科知识,培养学科能力,也应肩负起塑造学生健全人格,进行德育教育的使命。

所有学科都把情感、态度、价值观等作为教育目标的重要组成部分,课程改革与各科新课程标准更是强调了德育目标。应该说,我们的各科教材也都蕴含着丰富的德育内容。如何有效地、科学地挖掘教材中的德育内涵,将德育内容与学科知识有机结合,是落实德育渗透的核心工作。各科组以新课程标准为指导,认真学习,讨论研究,明确本学科德育渗透主体目标。各学科德育渗透有着共性,都强调爱国主义教育,但又有着各学科德育的不同个性。如语文强调培养学生热爱和继承民族优秀文化传统,加强

对语文以人为本，善待生命的人文主义精神，理解认识人类社会发展统一性与多样性；数学用我国数学发展史料介绍祖国数学学科的悠久历史和灿烂成就，弘扬历代著名数学家的优秀品格，进行科学精神教育；英语通过反复进行学习英语的目的性教育，渗透国际主义以及良好道德品质和文明行为规范教育；音乐、美术结合课文内容在于教会学生用"审美的眼光"看世界，听世界，感悟世界，给人的生命与生活以活力，在艺术的感召下，发现自己心灵世界的美，由此达到对自我人格价值的肯定；体育不仅仅是要让学生具有健康的体魄，还锻炼学生顽强的意志。

附：学科渗透优秀道德品质培养的教学模式图表

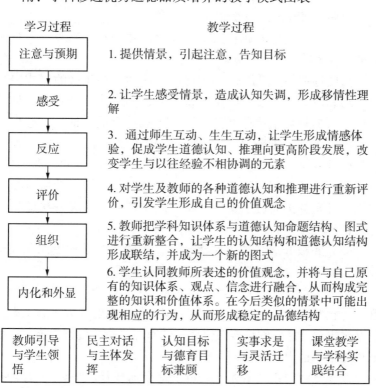

（三）以课外活动为载体，全面实施优秀道德品质教育

对于外来务工人员子女，课外活动具有鲜明的自主性、实践性、综合性、趣味性，符合学生的年龄特点、认知规律，更容易帮助他们形成优秀的思想品德，达到优秀的内化的长久的德育效果。所以，我校以课外活动为手段，全面实施优秀道德品质教育，开展了丰富多彩的德育活动，以活动熏陶人，以活动培养人。

（1）组建各种课外兴趣社团，让外来务工人员子女在社团活动中陶冶情操，得到教育。

（2）充分利用升旗仪式、校集会活动，对外来务工人员子女进行优秀道德品质教育。

我校特别注重升旗仪式的规范，让学生在庄严的仪式中得到熏陶和教育。学校利用在国旗下的讲话，让外来务工人员子女代表根据教育主题写出符合学生年龄特点的讲话稿，进行声情并茂的演讲，对全体学生进行爱国主义教育、理想信念教育、诚信教育、中国梦教育、传统文化主题的"和、孝、勤、俭、善、礼"教育、社会主义核心价值观教育等，让所有学生特别是外来务工人员子女在升旗仪式中得到一次又一次的精神与道德洗礼。

（3）积极开展各种主题活动，在主题教育活动中深化外来务工人员子女的优秀道德品质教育。

①基于学校学生生源多为外来务工人员随迁子女以及学生家庭经济状况存在较大差距的实际情况，随着课题"外来务工人员子女优秀道德品质的培养与研究"的有序进行，优秀传统文化系列主题活动也相应开展。

②体艺活动让外来务工人员子女全面成长。每年11月，我

校均举行校园体艺节。

③让读书成为习惯。为使外来务工人员子女养成读书的好习惯,让阅读伴随学生成长,我们建立了班级图书角,还开展了许多与读书有关的活动,如诗词诵读比赛、书本义卖场、校园读书节等。在爱国主义读书教育活动中,我们以体验为途径,以活动为载体,每学期都广泛深入地阅读爱国主义教育读本,增进学生的爱国情感,提高他们的道德素养。

④节约与环保同行。我们结合各种节日和活动,开展了节约与环保同行的活动,做到寓教于导,寓教于乐,寓教于实践。

⑤文明礼仪伴我行。

(四)精心打造富有特色的校园文化,发挥环境育人的作用

略。

(五)立足于学生不同的心理特征,模拟情景,因势利导,培养学生的高素质心理,全面提高学生的整体素质

根据外来务工人员子女的表现,我们尝试归纳出比较典型的个案,编成主题鲜明的小短剧,让外来务工人员子女中具有表演天赋的学生扮演剧中的角色,其他行为品德有偏差的外来务工人员子女充当观众,让他们在观看剧情的过程中意识到自身的不足,从中认识到自身品行对自己成长的影响。直观的形象教育使不少学生认识到优秀道德品质的重要性,从而与同班同学融洽相处。

(六)建立有效的奖惩模式

每月评出班级的"美德之星",每学期评选校级的"美德少年",推荐优秀者参加广州市和白云区的"优秀共青团员、团

干""三好学生""美德少年"等的评选。

（七）以家校沟通为纽带，开拓德育实效的实用模式

在课题研究的实践过程中，我们越来越发现，家庭教育能力的提升与改善、家长资源的充分挖掘，对学校德育整体工作的实施有着不可替代的作用，我们要充分发挥家庭教育在德育教育中的特殊作用。我校建立了学校和家庭教育沟通的渠道，优化家庭教育环境，引导和帮助外来务工人员子女家长树立正确的教育观，以良好的行为、正确的方式去影响和教育子女。

（1）课题研究立项之初，我们立即开展全方位的调查，建立外来务工人员随迁子女的"成长档案"，全面了解外来务工人员随迁子女的成长背景。如深入了解外来务工人员随迁子女的家庭、社交圈子及在原学校的行为品德情况，其父母的职业和文化层次，以及他们的各种行为、品德、心理特点、个性特征，较准确地把握相关学生突出问题的症结，为教师对教育对象的分析和处理提供依据。

（2）走访家庭，了解学生生活状况。通过"三卡一通"——家访记录卡、学生校外表现记录卡、家校联系卡，让家长、教师和学校信息良好沟通，及时了解学生的品德和行为动态，形成一种对学生思想品德齐抓共管的局面。

（3）以校为家，营造亲情氛围。我们认为，和谐、活跃的课堂氛围，有利于激发学生的想象力、创造力，有利于培养学生的语言表达能力、逻辑思维能力，养成主动学习的习惯。课堂上多给外来务工人员子女一些表现的机会，改变他们相对封闭的思维。要多鼓励，尽量少批评。

（4）"吾心安处便是家"。课后，我们更是以学校为阵地，召集这些外来务工人员子女在课外活动时间以学习小组为单位，各科任教师为家长组建临时家庭，辅导他们完成作业，作业量也

是因人而异,尽量做到因材施教,并努力营造浓厚的家庭氛围,通过举行各种活动,结合心理访谈等形式,让他们感受家的温暖,从而找到对家的认同感。

(5)改良家庭教育。家长的素质决定家庭教育的层次。强化家长教育意识,强化家庭教育,广泛开展家庭教育宣传,普及家庭教育知识,对家长进行培训,转变家长教育观念,实现家校联合,提高家长自身素质,提高科学教育子女的能力非常重要。

(6)走进社区。社区是学生生活、成长的重要环境。社区环境对学生的思想道德影响很大,可以说,社区教育工作是学校、家庭、社区三位一体德育网络的依托。因此,我们在发挥学校主体作用的同时,努力挖掘和利用社会德育资源,拓宽德育领域。我们让学生广泛接触社区,开展各种德育活动。如调查社区卫生环保情况;参观消防队,听消防队员讲安全知识;学做交警;送温暖到养老院;重阳节到社区给老人表演节目,春节到社区送春联;等等。社区活动协调了学校、家庭、社会各教育主体的关系,学生在活动中学到了书本上所没有的知识与经验,培养了自尊自强的精神,增强了遵纪守法的观念,增加了社会阅历,丰富了情感体验。

四、效果与反思

(一)成果与效果

1. 教师专业成长效果显著

(1)教育科研能力得到提升。参加研究的教师基本上都能够查阅资料,撰写文献综述,掌握课堂观察、问卷调查、行动研究等基本的教育研究方法,能够自觉反思,撰写教育教学案例和课例,写教育反思日记。有几位教师在本研究的引领下,发表了较高水平的科研论文。

（2）教育教学技能得到提高。实践教师在研究的推动下，通过任务驱动，认真研读教育心理学知识、课程标准和德育基本理论，较好地把握了学科的认知目标、情感态度德育目标、过程方法目标，能够根据学生的认知和道德发展水平进行有效的教学，熟练地掌握分组讨论、角色扮演、情境设计、课堂监控、观察引导等教学技能和活动的组织。

2. 学生综合素质培养成效明显

（1）学生学业水平进步很大。教师教育教学综合能力的提升，引发了教育教学一系列良性循环发展。教师教学目标更加清晰和可操作，课堂教学组织形式更加丰富，学生的积极性得到了调动。学科教学中渗透爱国情怀、科学精神，激发了学生积极的学习心向；认知和德育相结合的图式体系，让学生对知识的理解更加深刻和持久。

（2）学生道德判断和推理水平层次更高。课堂采用小组讨论、角色扮演、价值澄清等方法，在讨论过程中，学生能够接触到更高层次的道德推理。

（3）培养外来务工人员子女优秀道德品质的实践研究，使学生养成良好的行为习惯，道德素质全面提升，使我校班风更正、学风更浓、校风更好。

3. 学校质量得到提升

（1）丰富德育教育的内涵与形式，促进校园精神文明建设。

（2）使我校不断加强和完善自身建设，创造更好的育人环境。

（3）学校教育教学质量，办学声誉不断提高。学生思想得到浸润，广大学生好学、乐学，毕业班学生积极备战中考。中考连创佳绩，而良好班风、学风、校风的形成，也得益于对学生特别是外来务工人员子女优秀道德品质的培养教育。师生获得的各级各类奖项逐年增加。

（二）反思与展望

虽然优秀道德品质的活动课程和课堂教学渗透优秀道德品质培养的教学模式的总体框架建立了起来，但是在运用过程中，有些教师对模式背后的教育心理学原理理解不深刻，有时会造成差异，有些教师还不能及时抓住道德品质培养出现的机遇，运用教学方法来处理各种突发的教育机会。结合学科教育教学渗透学生优秀道德品质的培养，将是本项目今后理论研究和实践的重点方向。

参考文献

［1］赵树凯. 边缘化的基础教育：北京外来人口子弟学校的初步调查［J］. 管理世界，2000（5）.

［2］杜越，汪利兵，周培植. 城市流动人口子女的基础教育：政策与革新［M］. 杭州：浙江大学出版社，2004.

［3］戴晓妹. 源于生活　回归生活［J］. 课程教育研究，2013（14）：25－26.

［4］周芳. 流动人口子女家庭教育存在的问题及教育干预［J］. 教育科学研究，2002（11）：54－55.

［5］杨玉华，马姝瑞. 深度调查：外来务工人员眼中的"新市民"之路［EB/OL］. 新华网，2007－02－18.

［6］袁英. 外来务工人员子女情感特征及教育策略：基于苏州市彩香中学的调查研究［D］. 苏州：苏州大学，2010.

［7］卢云珍. 再论《品德与生活》《品德与社会》向生活世界的回归［J］. 新课程学习（上），2013（2）：160.

［8］马立军. 浅谈思想品德教育的艺术［C］//. 2013河北省班主任论坛论文集. 河北省教师教育学会，2013.

[9] 胡映鵁. 慈悲和博爱是思想品德教育的核心内容［G］//邢改萍. 中华教育理论与实践科研论文成果选编（第3卷）. 北京：学苑出版社，2010.

[10] 穆佳妮，刘阳. 加强思想品德教育，提高中小学生素质［N］. 吕梁日报，2013.

学生综合素质评价体系研究结题报告

广州市白云区同和中学　张宝富

一、课题的提出

（一）研究背景

十九大报告指出建设教育强国是中华民族伟大复兴的基础工程，必须把教育事业放在优先位置，加快教育现代化，办好人民满意的教育。要全面贯彻党的教育方针，落实立德树人的根本任务，发展素质教育，推进教育公平，培养德智体美劳全面发展的社会主义建设者和接班人。

教育部提出当代学生的九大核心素养是：社会责任、国家认同、国际理解、人文底蕴、科学精神、审美情趣、学会学习、身心健康、实践创新。

《教育部关于推进中小学教育质量综合评价改革的意见》（教基二〔2013〕2号）指出，推进中小学教育质量综合评价改革，是推动中小学全面贯彻党的教育方针、全面实施素质教育、落实立德树人根本任务的重要举措，是引导社会和家长树立科学的教育质量观、营造良好育人环境的迫切需要，是基本实现教育现代化、加强和改进教育宏观管理的必然要求。

学生评价改革已成为我国当前基础教育改革的关键环节。学生综合素质评价是新一轮基础教育课程改革提出的一个新命题，是新课程改革中最具活力的部分，是全面推进素质教育的重要举措。

（二）选题意义及研究价值

选择这一主题进行研究难度很大，学生综合素质评价是一个动态的过程，随着社会进步，时代变迁，学生自身特点与时俱进，评价制度、指标体系、方式方法只有跟上这种变化才能起到提升学生素质的作用。现在，国家对学生素养的指标性规划、指导要落地，需要每个地区甚至每所学校进行有针对性的研究和设计。但现有的评价体系在实际运用过程中水土不服，触及不到学生成长过程的全部，希望通过研究让学生的评价内容更加多元化，更加强调过程发展性评价，为教育或学生发展提供一个明确的方向，为学校管理提供一个新的机制，同时为学生的自我完善和发展提供一个制度保障。

"适合学生成长全过程"是学生综合素质评价价值选择的根本依据。尊重社会大环境的变化，从学校实际出发，遵循学生的身心发展规律，构建完善的、灵活多变的学生综合素质评价指标体系。

在评价过程中充分发挥社区、家庭、学校、互联网等多方面的合力作用，使评价多层次、多角度，这种多主体协作"共同建构"评价结果更具客观性，才能最大限度地反映学生的真实发展情况并被学生接受，有利于促进各方面同步改革，共同创造有利于学生健康发展的教育环境。学生综合素质评价既要注重丰富的过程性评价，又要注重结果的规范性与可信度，促进学生综合素质全面发展。

本课题从6个维度开展研究，使学生各种行为都有评价的标准和尺度，从而起到规范、督促、自我完善的作用。

二、国内外研究现状述评

因检索条件限制，这一部分主要摘自《新课改背景下学生综合素质评价研究综述》（黄晶　宁夏幼儿师范高等专科学校）。

（一）学生综合素质评价理论层面的研究

整理分析有关学生综合素质评价的相关研究成果，主要从国外先进理论的介绍和对学生综合素质教育的反思两方面进行研究。

国外各种先进理论的介绍。李晶撰写的《多元智能理论的评价观对我国新课程改革中学生评价的启示》、瞿媚和杨斐撰写的《对当前学生评价存在问题的思考——基于教育目标分类理论视角》、吕宏伟撰写的《后现代语境下的学生评价》，分别介绍了加德纳的多元智能理论、布鲁姆的教育目标分类理论、马斯洛和罗杰斯的人本主义及后现代主义的学生观理论的具体内容，并从评价内容、评价标准、评价主体、评价过程等不同方面提出了相应的改革策略，但相关理论的研究与我国学生综合素质评价的实质性联系较少。

对学生综合素质评价的反思。杨慧英撰写的《学生评价存在的局限及其优化》、项纯撰写的《在探索和反思中推进综合素质评价》、邵剑宏撰写的《学生综合素质评价问题及对策》等都是以新课程改革理念为风向标，探究新课程改革实施过程中学生综合素质评价的改革瓶颈，结合教学实践，从评价功能、评价主体、评价内容、评价时间、评价反馈等方面提出对学生实施有效的评价策略。以上研究均以学生评价的观念、方法为切入点进行反思与批判，鲜有对评价本身进行多元评价反思。

（二）学生综合素质评价实践层面的研究

学生综合素质评价实践层面的研究文章数量较多，基本上都是在岗的一线教师根据某一科目的教学实践经验撰写的小文章。这些文章涉及内容广，实证性强，都是针对某一现状进行的观察研究或调查研究。这些文章大致可归纳为4个方面：基于不同年龄阶段的学生综合素质评价，基于某一学科的综合评价，关于评价机制建立的研究，关于评价方法的有效使用研究。

基于不同年龄阶段的学生综合素质评价：乔海燕撰写的《从考试谈评价——小学生评价改革新论》、李寿年撰写的《中学生综合素质评价个案探析》都是根据不同年龄阶段的学生身心发展需求探讨评价的实践策略。尤其是邢利红的文章着眼于促进中小学生全面而有个性的发展，注重发挥过程性评价对学生综合素质发展的引导、督促和教育作用，因此从回顾展望、以评促育、纳入常规、搭建平台、沟通协商、及时有效6个方面展开关于学生综合素质评价的策略研究。

基于某一学科的综合评价研究。勾学君撰写的《中学数学课堂中的学生综合素质评价》以教师为评价主体，从学生主动参与意识、解决问题的能力，创新思维能力的发展等方面探究学生综合素质评价策略，促进学生综合素质的发展。王作晃撰写的《浅谈科学教学中学生评价方法的运用》以课堂教学中的案例为依据，从情感态度价值观、科学探究能力和综合知识运用能力三方面浅谈学生综合素质评价方法的运用。

关于评价机制建立的研究。邢亚卿撰写的《浅谈学生评价机制的建立》结合实际教学工作，尝试从日常行为、课堂教学、学生作业、考试机制四方面建立学生综合素质评价机制。

关于评价方法的有效使用研究。评价方法的研究大都提倡多样性和多元化的原则，如曹晓玲撰写的《实施多元评价提高教学实效》、孟德祥撰写的《实施学生综合素质评价策略创新学生评价工作》。还有一部分关于评价方法的研究是基于定量分析的，如王卫斌和丁慧撰写的《层次分析法在学生综合素质评价中的应用》、王万军撰写的《基于联系数 $a+bi$ 理论的学生综合素质评价方法》，都是通过建立学生综合评价体系的数学模型，运用具体数据对学生进行客观评价。根据《教育部关于积极推进中小学评价与考试制度改革的通知》的有关精神，一般从道德品质与公民素养、学习能力、交流合作与实践能力、审美与表现、运动与健康状况等维度建立促进学生全面发展的综合素质评价指标体系。关于学生综合素质评价指标体系构建和实施方面的研究，大都以此指导思想为理论依据，根据实际研究对象或群体的身心发展特征和发展需要改进或创新学生综合素质评价指标体系。这方面的文章大致从"怎么构建"和"构建什么"两方面进行学生综合素质评价指标体系构建和实施方面的研究。

"怎么构建"方面，主要研究学生综合素质评价指标体系构建的原则和策略。邓志勇撰写的《构建研究》和倪丽荣撰写的《重构中学生评价体系》都是依据某地某中学新课程改革后学生综合素质评价深入推进的情况，总结构建学生综合素质评价体系的各种策略，以此进一步完善学生综合素质评价指标体系。

"构建什么"方面，主要是一些研究型的学者通过对"从什么维度设置哪些指标体系怎么进行具体实施"的问题的思考，研究学生综合素质评价指标体系的具体内容和实施方法。付莉撰写的《小学生综合素质评价研究》和刘妍撰写的《初中学生综合素质评价研究》都是根据《教育部关于积极推进中小学评价与考试制度改革的通知》结合中小学生的实际发展需求，将道德品质与公民素养、学习能力、交流合作与实践能力、审美与表现、运动与健康状况作为学生综合素质评价的一级指标体系。刘妍在此基础上增加了创新意识这一指标。而张磊撰写的《中学生综合素质评价指标体系及评价模型的研究》通过对某地中学生进行问卷调查，采用系统分析法和文献优选法建立指标体系理论框架，通过专家评分法进行指标筛选并确定指标权重，从而建立综合评价模型。

综合素质评价的目的就是提升学生的综合素质。在国家的总体设计下，全国上下都在积极推进学生综合素质评价体系的构建研究，取得了非常多的突破。比如广州市目前对学生综合素质的评价是从道德品质、公民素养、学习能力、交流与合作能力、运动与健康、审美与表现6个维度进行的。

但是从现状分析大同小异，距离核心素养的要求还有很大差距。

三、研究技术方面

1. 研究目标

（1）立足素质教育和学生的九大核心素养，构建一套适合城市化进程较快地区学生特点的综合素质评价体系。

（2）依托评价体系调整学校的发展规划和学生培养方向，使学校的教育教学充分融入新时代中国特色社会主义大潮中，与时代同呼吸，共命运。

（3）细化学校的管理模式，核心素养内化为学校的各项常规管理，使管理对推动学生的综合素质发展更直接、更有效。

（4）进一步完善学校的规章制度，突出学生综合素质提升的地位，把学校发展的方向与新时代保持一致。

2. 研究内容

（1）围绕九大核心素养，认真研究24个基本点，领会其基本内涵，与学校的生源结构紧密融合，合理设置评价维度，以期所构建的评价体系在政策范围之内，又凸显地域特色，以点带面，有一定的示范作用。

（2）研究学校现有的发展规划，针对规划中与核心素养和国家有关政策不够贴近的部分进行论证、调整，尤其是学生培养方向部分，坚持立德树人，培养学科素养，并切实提升综合素质。

（3）细致研究学校的各项规章制度，尤其是学校章程，针对不符合相关要求的措施重新进行修订，把管理与育人目标、学校发展融为一体，与国家、国际发展的需要紧密相连，切实培养德智体美劳全面发展的社会主义建设者和接班人。

3. 研究思路

本课题研究有目的、有计划，严格按照"课题申请—课题论证—制订方案—实践研究—交流总结—申请结题"的程序进行。先对城市化进程较快地区现行的学生综合素质评价体系现状做全面调查了解，明确研究内容、方法和步骤；再组织本课题组教师学习课题研究的内容、任务和具体研究步骤。通过一系列应用研究活动，总结现行评价的优势、不足，结合国家的有关政策调整和学生发展的实际进行评价体系设计，通过完善体系，进一步完善学校的规划和具体管理制度，使学校的一切活动围绕学生的综合素质提升而开展。

4. 研究方法

采用调查研究法、行动研究法、案例研究法、经验总结法和文献研究法。调查搜集国内外关于学生综合素质评价的相关资料，尤其是初级中学阶段。通过师生问卷对学校的评价体系进行摸查，通过横向和纵向对比查找关键问题所在，获取有价值的信息。用行动研究法对综合素质评价体系构建进行探索、实践，经历调查—计划—行动—总结—反思 5 个阶段。根据评价实际案例，研究不同教育环境下对评价的需求以及评价的效果，总结经验，共同探讨。查阅相关文献、法律法规、规章制度、重要讲话精神等，为研究提供借鉴。

5. 技术路线

前期调研—课题论证—课题计划—实践探索—反思调适—收集资料—总结分析—构建体系—形成报告—拓展应用。

6. 实施步骤及预期成果

第一阶段（2018 年 1—3 月）：

制定"学生综合素质评价体系研究"课题实施方案,成立课题组,召开课题开题论证会,听取课题组教师对研究方案的意见。撰写申请报告,向上级提出申请。

第二阶段(2018年7—12月):

(1)组织课题组教师,编订《学生综合素质评价体系》,并组织师生对评价体系进行实测,形成反馈数据和分析报告,在广泛论证的基础上反复修改。

(2)形成研究相关论文成果(论文1篇,研究报告1份)。

第三阶段(2019年1—6月):

(1)在《学生综合素质评价体系》的基础上调整学校的规划,修改制度,完善管理。

(2)继续推出课题研究成果,为课题的结题和鉴定做好充分的准备。(论文2篇,研究报告3份)

(3)撰写课题研究结题报告,请专家及领导鉴定和评议。

7. 课题研究人员力量

课题负责人张宝富主要学术资料:2002年9月,学校申报区课题"以人为本,教学做合一",作为政治科组长申请了该课题的三级课题"在政治课堂教学中学生主体人格发展研究",2003年开题,2006年7月结题,结题报告获白云区课题研究成果三等奖。2004年7月,同和中学成立了市级课题申报研究小组,组织申报课题"城乡接合部学生教育评价研究",在课题组成员中排名第4位。课题申报之初,负责课题报告的撰写和申报书的填写。经过努力,2005年5月20日,广州市教育局批准我校课题为广州市教育科学"十五"规划第二批课题。负责课题的日常管理和"城乡接合部学校教育系统评价研究"。由于学校领导的调整和自身工作调动的原因,该课题于2014年1月15日结题,在结题报告中排名第6位。2009年10月,参与小课题"'情景生成知识'教学法在思想品德课中的研究",开设1节公开课，撰写 1 篇论文，于 2011 年 5 月顺利结题。

课题组成员的基本情况：

序号	姓名	年龄	职务、职称	从事专业	工作单位	承担任务
1	朱志宏	38	政教处主任 中学一级	数学	同和中学	制定评价体系
2	张宇媚	38	政教处副主任 中学一级	政治	同和中学	调查问卷，编写规章制度
3	张小燕	40	团委书记 中学高级	英语	同和中学	课堂教学中学生评价研究
4	夏侯华丹	39	班主任 中学一级	语文	同和中学	班级评价研究
5	谭焱	38	班主任 中学一级	语文	同和中学	班级评价研究

四、研究结论及其取得的社会效益

学生综合素质评价体系研究作为广州市教育研究院 2018 年度广州教育政策研究课题，学校 2017 年 12 月成立课题组，组织课题申报，并于 2018 年 5 月 22 日获批立项，同年 6 月开题。一年来，课题组成员根据课题要求，立足学校地处城乡接合部这一背景潜心研究，基本完成研究任务。

在育人工作过程中坚持"以面带点"的工作思路，让群体行为引导个体行为，让群体意识影响个体意识，让群体规范引领个体规范。因此，在学生评价过程中，我们以群体评价为主，以个体评价为辅。

我们主要开展了以下几项工作。

1. 建立社会、家庭、学校"三位一体"评价体系

任何评价都基于一定的事实或现象，学生的行为表现在不同的环境中会有一定的差异性，比如对手机使用管理问题，我们的做法是：先建章立制，约定不经学校和家长允许，学生不准携带手机回学校，如有特殊情况家长须向老师报备，那么在校期间手机交由班主任或级长保管。通过社会走访、询问学生等方式了解和掌握学生上学、放学途中使用手机的情况，利用集会、班群等方式进行反馈，使个别学生意识到合理使用手机是同和中学学生应该做好的事情。管理已见成效，学生在校期间基本不使用手机，在校外使用手机的现象也越来越少。除手机管理外，其他如早恋问题、同学矛盾、社会公德、行为习惯等都纳入学校、家庭和社会共同评价范围，使学生的成长没有真空地带，校风日益好转。

2. 建立校园活动评价体系

把学生评价融入学校的活动中。学校活动是学生全面发展的重要载体。我们围绕"和美教育""同心同德、和谐发展"的办学理念，"和美修德""培养阳光少年"的育人目标，合理规划校园活动，每一项活动均设置相应的评价方法。如艺术节，从活动准备、节目选择、服装设计、日常训练、彩排、正式演出直至结束退场全部纳入评价范围，培养学生的规矩意识，养成良好的活动参与习惯。活动纪律和效果改善明显，受到上级好评。

学校以德育实践为载体，将德育工作寓于丰富多彩的活动之中，通过校园活动管理评价，让学生在活动和实践中体验感悟，从而提高道德素质和人文素养。

学校确定不同的德育教育活动主题，如节能环保教育月、友爱互助教育月、文明交通教育月、科技创新月、安全健康教育月等。全力做好学生社会实践活动，包括初一年级的中小衔接教育

实践活动、初二年级秋季社会实践活动、初三年级百日誓师团队拓展活动等，通过实践活动引导学生养成良好的道德习惯和品格，不断丰富德育的内涵，营造温馨的校园氛围；加强班级文化建设，真正做到"让墙壁会说话"，营造良好的班级文化氛围；组织开展一系列体育特色活动，如广播操比赛、跳大绳比赛、拔河比赛等，丰富学生的课余生活，增强学生的体质。

学校开展的校园活动，从组织到活动过程，做到周密安排与实施，制订活动方案、实施计划、应急预案，每一项活动均有评价，如制订校运会评价方案、班级文化评比细则、广播操评比细则、手抄报评比细则、黑板报评比细则、演讲比赛评比细则等。通过对校园活动进行评价，激励学生积极、踊跃参与，落实"人人参与"的原则，形成我校"统一领导、分工负责、人人参与、齐抓共管"的活动保障体系。通过活动表彰制度，向社会各界传达本校社团的发展历程、取得的成绩，扩大学校在社会的影响力，提升社会的认知度与美誉度。通过细致、周密的管理，营造出"校园文化氛围"，加强学生对学校的了解与认识，从而形成归属感与自豪感。

总之，通过建立和完善学生日常行为管理体系、德育队伍建设日常管理体系以及校园活动管理体系，完善学生综合表现评价体系，促进校园的"软件"建设，推进学校发展。

3. 建立日常管理评价制度

课题组成员张宇媚老师组织编写了《同和中学学生实用手册》，从学校文化理念、学校规章制度，对学生进行爱校、荣校教育以及规范教育入手，从考勤、卫生、纪律、仪容仪表等方面对学生做出具体的要求和规范，为评价学生日常行为规范提供制度依据。学校使用以来，学生的精神面貌焕然一新。

学校日常德育管理评价体系是学生综合素质评价的重要部分。建立学校日常德育管理评价体系，对学生在校常规活动进行规范和引导，有利于学生养成良好的行为习惯，有利于促进学生综合素质的全面提高。

加强学校的日常德育工作，并将日常德育管理的评价落到实处，公平、公正、合理地对学生行为做出评价，才能调动学生行为的主动性和积极性，才能从根本上提高德育工作的实效。

学生日常行为管理评价，要有根有据，有具体的评价细则，才能规范学生的行为习惯，促进学生综合素质的提高。为此，按照学校的实际和德育日常管理的细节，从学校的文化理念、条例和制度、规范与要求、学生自主管理、校园安全常识等方面，编写了广州市白云区同和中学《学生实用手册》，以此强化学生的集体观念、规则意识和安全意识。《学生实用手册》具体规定了学生的请假制度、升降国旗制度、奖励制度、评优评先条例、违纪处分条例、操行评定制度、图书馆借阅规则、教室管理制度、学生日常行为规范、学习习惯规范、礼仪守则、仪容仪表要求、环境卫生公约、课堂常规、课堂规范用语、作业要求、考场规则、实验室守则、计算机机房管理守则等。这些具体规定，对学生在校一日的常规都做了具体的要求，形成评价体系。通过对各方面常规行为的约束和规范，培养学生的综合素养，从而实现我校的德育目标——培养阳光少年。

针对学生日常行为的评价体系，我校形成评优评先表彰制度和成长相对缓慢学生跟踪评价制度。对于在德育日常管理方面表现突出的学生，形成评优评先表彰制度，对这部分学生进行物质或精神表彰，以树立先进典型，弘扬榜样精神，传播建设性能量，崇尚真善美，在全校营造积极向上的学风、校风；对于在德育日常管理方面暂时落后的学生，建立跟踪评价制度，制定学校、家庭、社会"三位一体"的阳光评价体系，对学生行为进行督促、调整和转化，以此形成学先进、争先进的校园氛围。

学生日常行为的评价，需要根据不同年级学生的年龄特征，以及思想、心理发展、学习情况等特点，确定有针对性的德育教育工作，并以此开展工作。初一年级对照《同和中学学生在校一日常规》，从细节中培养品行习惯、学习习惯和心理品质，着重培养学生吃苦耐劳、积极向上的心理意识；初二年级以做好青春期交友引导教育为重点，加强学生的感恩、知耻教育、纪律法制教育；激励学生自尊、自强、勤奋、守纪，重视能力培养，重视全面发展，防止"两极分化"；初三年级以迎中考，创佳绩为德育工作重点，对学生进行班级、个人理想目标教育，同时做好考试心理引导和自我调节、学会减压方面的工作。

学生日常行为的评价，需要加强学生的自主管理评价，以此增强学生自我约束、自我管理、自我评价的能力。为此，我校成立学生自我管理委员会，以充分调动和发挥学生的主动性、积极性和创造性，实现学生自我管理、自我发展。学生自主管理委员会的成立，有章程、有制度、有评价、有跟踪，让学生由被动管理走向主动参与，让一部分学生做全校文明行为的榜样，带动全校学生养成讲文明、守纪律的良好习惯，共同营造和谐的校园气氛。

学生日常管理评价要注重过程，也要注重积累。因此，对学生的日常行为评价，要形成学生德育档案。通过德育成长档案的建立，让学生充分认识到自己德育形成的轨迹，同时学校可以根据德育档案来评价学生的思想品德，与学生的各项考核挂钩。

个人的成长离不开集体的发展。因此，学生综合素质评价体系，离不开班级管理的评价体系，更离不开德育队伍建设的日常管理评价。

首先，我校探索建立了一套德育队伍选拔机制，将有较高育人水平的教师充实到学校德育建设队伍中来，通过德育队伍帮扶制度，由经验丰富的班主任帮带年轻班主任，整体提高德育队伍的班级管理能力和水平。

其次，我校完善德育培训机制，在培训资源、培训内容、培训方式方法上探索、建立起适合我校实际，并具有推广和示范作用的一套培训制度，让德育管理的视野更加开阔，在创新德育管理方法上有所突破。如我校积极组织班主任参加学片、区级专项培训，组织好德育例会，采取班主任主题发言的形式，加强班主任之间的经验交流和工作反思，相互学习，增强班主任的实践能力。开展好年级、校级的主题班会公开课，提高班主任充分利用教育契机和教育平台的能力。我校通过完善班主任培训机制，使班主任及有关人员掌握系统科学的德育育人方法，改变了传统德育说教化、抽象化、空洞化的特点，让学生在生活中获得道德实践的机会，在看得见、摸得着、感受得到的道德情境中获得自我教育和成长。

最后，为了加强德育管理上的统筹与协调，进一步建立与完善德育管理体系，优化德育教育与管理功能，我校根据学校实际和社会发展的趋势、学生生理心理发展的变化，修整和完善班主任工作考核细则，制定班主任工作考核评价系统，使之更具有科学性，更体现公平性，从而进一步调动班主任工作的积极性。

4. 建立个别学生教育评价制度

我校是一所普通的公办初级中学，生源结构复杂，教育管理难度较大，个别学生教育效果反复，因此，我们建立这部分学生跟踪教育评价制度，制作了"阳光计划每日情况汇报评价表"及"同和中学生违纪作为登记表"。通过反复不间断教育，使教育具有连贯性，取得一定成效。朱志宏老师设计了教育跟踪评价表，充分发挥学生本人、任课教师、班主任和家长的作用。张宝富老师撰写了相关论文——《成长相对缓慢学生的教育策略》。

阳光计划每日情况汇报评价表

姓名：　　　　学号：　　　　第　　周　　星期　　（　　年　　月　　日）完成与否：　　　　累计积分：

节次	听课情况				作业情况			午休情况	表扬		考试或测验情况		突发情况	体育锻炼情况	校服仪容情况	无吸烟、打架现象	拟完成其他服务
	科目	好中差	其他	教师签名	完成	缺交科目	教师签名		事由	教师签名	科目成绩	教师签名					
1																	
2																	
3																	
4																	
5																	
午休																	
6																	
7																	
8																	
9																	

准时到校及班：

班主任签名：　　　　班主任签名：　　　　体育锻炼导师：　　　　班主任签名：

续表

社区义工服务		
班主任评语		签名：
家长评语及签名		签名：
社区居委负责人签名：		

使用说明：

1. 本表作为对学生进行帮教的一项措施，由下级行政、级长、体育锻炼导师、任课教师、学生、班主任及家长每天填写。
2. 请任课教师每节课后根据学生的课堂表现在相应的格内打√，特殊情况写在"其他"一格内。
3. "作业情况"一栏由任课教师填写。
4. 受帮教学生必须在每节课下课后主动交表给任课教师填写。下午放学时进行自评，交给班主任写评语，然后带回家交给家长检查，了解孩子加意见后于第二天早上带回学校交给班主任保管。
5. 请家长每天检查情况表，并将意见及时反馈给班主任。
6. 第二周的周一，班主任将学生上一周的所有表格交给相应的下级行政，以便跟踪教育。

同和中学学生违纪行为登记表

姓名：　　　　　　班别：　　　　　　时间：

事情起因及经过	
该行为所产生的后果	可以从对自身、对他人、对集体三方面表述：
今后打算以及保证	
班主任意见	签名：
家长意见	签名：
学校处理意见	盖章：

注：学校的处理意见分为通报批评、警告处分、记过处分、记大过处分。

5. 建立具有班级特色的评价制度

学校规模较大,每个年级 9~10 个班,班级情况各异,鼓励各班根据班情建立独具特色的班级评价制度或体系。谭焱、夏侯华丹两位班主任的班级评价制度尤为完善。具体如下:

中学时期是人生发展的一个重要阶段,见证着一个人从少年到青年的生命进阶。随着身心的不断发展,他们开始深入探寻生活的奥秘,满怀好奇地撩开精神世界的面纱。随着自我意识的逐步觉醒,学生开始主动发现和认识自己;随着思维水平和理解能力的不断提高,他们对世界的认识越发具体而深入;随着生活体验的日渐丰富,他们开始自觉磨砺意志和品格,思考生活的意义。

这一阶段的孩子的心理有以下特征:①成人感。这主要表现在生理机能进入早期成人期的改变,自我意识向独立成熟方向发展。他们对人和事的态度、表达情感和行为方式、行为内容都趋向成人化。②自我评价。意识到自己与周围世界的关系,包括自我理解、自我体验、自我评价、自我控制和其他形式。在青春期,自我意识开始形成,他们不仅可以体验到与家人、老师等关系的存在,还可以进一步体验到内心世界和心理活动的存在,进入一个新的"自我发现"时期。

根据以上特点,在班级管理的重要环节——学生评价中,教师尽可能以信任、尊重学生的方式来进行评价,将评价的主导权交给学生,构建符合学生心理特点和班情的评价体系。经过不断地摸索,总结出班级学生评价的三个阶段。

(1)播种期。初一年级是小学与中学的过渡期,小学对学生管理严格,指导细致,采用教师评价方式指导学生,从上学到放学,学生基本上都在教师的视线里。而中学的管理则逐步向自我管理、制度管理过渡,要求学生为集体承担义务和责任,学生要有自我管理及自律能力。因此,学生进入初中后就要树立制度管理意识,在学生的心田埋下一颗自律的种子。结合《中学生守则》《同和中学日常管理规定》德育考核细则，建立班级日常管理评价制度，制定班级的学生个人评价细则，从日常行为规范、课堂表现、作业、考试、好人好事等17个方面进行量化打分，每项落实到负责的班干部对学生行为表现进行记录、打分，目的在于树立班主任和班干部的权威，培养他们的责任感。每个月公布一次得分，得分前10名给予奖励，得分后5名须为班级服务一次。另外，狠抓课堂管理，树立良好学风，进行班级课堂评价，每节课由任课教师根据学生听课状况打分，班干部进行记录，有特殊情况应及时发现、处理。用一年时间让学生适应自我管理，培养他们从他律到自律的转变。

（2）成长期。初二年级是学生的"心理性断乳期"。这一阶段的孩子表面上什么都不在乎，实际上从众心理很重，既想标新立异，又担心脱离集体。他们的自尊心、自信心、争强好胜心急剧增强，具有独立意向、成人感，自主、自立意识急剧增强，认识能力显著落后于独立意向和行动能力。根据学生的心理特点把孩子当成人来对待，将言论权还给学生，把选择权、决策权部分交给他们。完善有班级特色的评价制度。这一阶段采取以下方式：①改选班委。通过竞选方式确定新一届的班级核心。经过一年的了解，由学生自己投票选出品学兼优、责任心强的班干部，他们是班级学生评价的执行者。②制定"班级公约"。由班委根据班级特点收集全班意见，拟定"班级公约"，举行签名仪式，并将"班级公约"张贴在班级里起约束作用。班干部起监督作用，按"班级公约"操作细则及时处理，赏罚分明。③班委评价。每个月进行一次班委互评，让班干部互相学习、取长补短，及时调整工作方式，提高工作能力。④学生评价。每两个月，每个学生根据"班级公约"进行自评和互评，并投票选出"班级之星"和"进步之星"，从正面引导学生自觉遵守公约。这一阶段，学生能充分感受到老师对他们的信任，自主意识得到满足，成人感增强，自

雁阵文化的理念与实践

律的种子已生根发芽，基本上实现学生自我管理。

（3）收获季。初三年级这一阶段，随着年龄的增长，学生渴望社会、学校、家长给予他们成人式的理解和尊重，对同伴的依赖意识增强，自我评价能力提高。同时，面临中考升学的压力，这一年，注重培养竞争意识，学习成绩成为评价的主要方面。另外，评价的形式由个人评价转变为小组评价，与学习成绩捆绑。根据学生学习成绩和性格特点分成小组，由组员选出组长，每一阶段每天的作业、课堂表现都由组长进行记录，每周形成书面总结，根据组员的具体表现进行针对性的帮扶。每个月小组内评选出"小组之星""进步之星"进行奖励，以每次大型考试为时间节点进行小组之间的评价，侧重小组成员学习成绩的进步，每次对进步幅度最大的三个小组进行表彰，在学风上形成你追我赶的气氛，学生学习劲头足，小组间良性竞争激烈。经过前两年的酝酿，这一阶段的学生已经非常适应自我管理、自我评价，学生的日常的行为规范教师基本可以放手，将更多的时间和精力投入到教研、备课、上课中，更好地带领学生冲刺中考。

时光不语，静待花开，初中三年，教师通过学生评价来培养自我管理的能力，形成"自律"的品质是个长期的过程，唯有充分相信学生，就有静待花开的一刻。

班级自我评价表

项目	加分	扣分	负责人
（1）升旗仪式		无故缺席1次扣5分，不戴红领巾一次扣2分	值日班干部
（2）两操锻炼		缺席1次扣2分	值日班干部
（3）尊敬师长		恶意顶撞老师，不服从老师管教，违反1次扣10分	值日班干部

续表

项目	加分	扣分	负责人
(4) 团结同学		打架 1 次扣 5 分	值日班干部
(5) 关心集体	为班级做好事，每次加 1 分		值日班干部
(6) 爱护公物		损坏 1 次扣 2 分	值日班干部
(7) 考勤情况		早上和中午迟到 1 次扣 2 分，上课迟到 1 次扣 1 分，旷课每节扣 3 分	值日班干部
(8) 课堂纪律	被老师表扬 1 次加 1 分	违纪被老师点名 1 次扣 1 分	值日班干部
(9) 午休纪律		违纪被当天值日班干部登名扣 2 分，造成班级被学校检查扣分扣 3 分	值日班干部
(10) 公共秩序		课间在课室打闹扰乱秩序，每次扣 1 分	值日班干部
(11) 作业完成		欠交 1 次作业扣 2 分	值日班干部
(12) 考试认真		舞弊 1 次扣 5 分	值日班干部
(13) 公共卫生		乱丢乱扔 1 次扣 1 分	值日班干部
(14) 值日劳动	自觉参加大扫除 1 次加 1 分	没搞卫生 1 次扣 1 分	值日班干部
(15) 仪容仪表		没穿校服回校 1 次扣 1 分	值日班干部
(16) 好人好事	做好事 1 次加 1 分		值日班干部

续表

项目	加分	扣分	负责人
（17）行为成绩	月考总分前10名加分，第一名加10分，以此类推；每次拿到一张喜报加2分。级排名进步10名加1分，15名加2分，以此类推		班主任

6. 完善学生课堂评价制度

在原有课堂评价的基础上，结合学校"以生为本"课堂教学改革，强调课堂教学学生"学"的根本地位。2019年，张小燕发表《有效课堂活动的设计与探索》（可查网络：中国知网，万方数据库，中国科技期刊数据库，维普网，超星发现。国际标准刊号：ISSN1009－8852，国内统一刊号：CN12－1319/G《英语教师》2019年第10期）。2018年11月，张小燕参与送教到从化的活动，做了《浅谈初中阶段英语学习困难学生的指导策略》讲座，并上了一节公开课，把"以生为本"课堂中教师对学生的评价策略（见"同和中学'以生为本'课堂学习观察评价表"）和重要性进行了分享，受到与会者的高度赞赏。

同和中学"以生为本"课堂学习观察评价表

听课人		随同人员		执教人		班级					
时间	( )年( )月( )日星期( )第( )节			学科		课型					
课题											
评价项目	评价内容			权重	等级				得分	备注
					A	B	C	D		
教学目标	能体现知识与技能、过程与方法、情感态度与价值观的三维教学目标体系			4	4	3	2	1		
	符合本校学生实际,能体现各层次学生的学习需求			4	4	3	2	1		
	对课标理解到位,能恰当整合利用教材及其他教学资源,内容选取及容量恰当,教学重点突出,难点处理到位			8	8—7	6—5	4—3	2—1	50	
教师教学行为	对本学科相应的课型特征把握准确、方法得当			5	5	4	3—2	1		
	能有效创设问题情景,运用启发式,引导学生思考,激发学生的学习热情,调动学生学习的积极性			5	5	4	3—2	1		
	体现以学生为主体,以教师为主导的教学理念,注重方法指导,形成师生互动的教学局面			6	6—5	4	3—2	1		
	教学手段运用适当、有效			4	4	3	2	1		

续表

教师教学行为	教学态度	认真严谨，准备充分，不迟到，不拖堂，无废话，效率高	4		4	3	2	1
		表情亲切自然，语言具有感染力，课堂气氛热烈融洽	4	50	4	3	2	1
		面向全体，能关注各层次学生的学习，能及时鼓励学生的表现，巧妙纠正学生的错误，不挫伤学生的积极性	6		6—5	4	3—2	1
	基本表现	无迟到，早退，睡觉，开小差和吵闹现象	4		4	3	2	1
		注意力集中，积极参与学习活动，且面达80%以上	5		5	4	3—2	1
		课堂气氛热烈，不沉闷，发言积极踊跃，且秩序井然	4		4	3	2	1
		形成自主学习、合作学习的局面，基本没有弃学者	5		5	4	3—2	1
学生学习行为	思维状态	能做到眼、耳、手、脑、口并用，人人动脑，动手	4		4	3	2	1
		与老师配合密切，较好领会老师的意图，积极思考	4	50	4	3	2	1
		有充分的思维空间，形成浓郁的讨论氛围	4		4	3	2	1
		能体现自信、探究、创新等自主学习的基本特征	4		4	3	2	1
		拥有良好的学习心情，沉浸于愉快的学习状态中	5		5	4	3—2	1
	学习效果	达到预期的教学目标，多数学生能够完成学习任务，不同层次的学生都有收获	5		5	4	3—2	1
		学习方法得到一定提升，学习能力得到增强	3		3	2	1	0
		思想情操得到熏陶，情感态度与价值观受到影响	3		3	2	1	0

续表

加分	教学有创造性，有鲜明的特色，有自己的风格特点，产生良好的效益，对他人的教学具有启迪、借鉴意义	5	加分
	优良	合格	不合格
"以生为本"的学习总效率（只须在对应处打√）			
综合评价	学生学习行为与建议：		

使用说明：一般评课，按此量化给分，85分以上即可视作优秀课，75分以上为良好，60分以上视为合格，60分以下则视为不合格。

最后将每一个项目的评价填入《广州市白云区同和中学学生综合素质评价一览表》，形成三年评价结论，作为初三毕业班综合评价的依据。

广州市白云区同和中学学生综合素质评价一览表

姓名		班级		性别	家庭住址		
		初一年级		初二年级		初三年级	
自我认知	学习状态						
	生活能力						
	爱好特长						
	未来规划						
	人际关系						
	规则意识						
评价意图：以文字形式记录学生三年的自我认知变化，反映学生的成长过程							

续表

姓名		班级			性别			家庭住址		
社会评价		社会对学校的评价			自我判断			对学校荣誉的贡献		
		初一	初二	初三	初一	初二	初三	初一	初二	初三
	文明礼貌									
	行为举止									
	社会公德									
	总评价									

评价意图：通过学校家委会、社区反馈把握社会对学校的评价，将情况反馈给学生，让学生形成自我判断，反省自身行为表现对学校荣誉的影响是正面还是反面，从而提高他们行为的自我约束意识。

评价等级：A/B/C/D

续表

姓名		班级	性别	家庭住址			
		初一年级		初二年级		初三年级	
家庭评价	学习习惯						
	生活习惯						
	家庭建设参与						
	自我控制						
	美德传承						
	总评价						

评价意图：通过家长对学生的评价，及时掌握学生三年的成长和变化，使学校和家庭的沟通更具有针对性。评价形式：文字评述。等级：A/B/C/D

续表

姓名		班级		性别		家庭住址			
		初一年级		初二年级		初三年级			
		第一学期	第二学期	第一学期	第二学期	第一学期	第二学期		
学校常规管理评价	文明礼仪								
	考勤								
	课堂								
	课间								
	仪表								
	课间操								
	值日								
	集会								
	爱护公物								
	安全意识								
	总评价								

评价说明：评价方式按照违反次数计——A（0—3次）/B（4—6次）/C（7—10次）/D（11次及以上）

续表

姓名		班级		性别		家庭住址	
		初一年级		初二年级		初三年级	
		班级获评等级	自我表现	班级获评等级	自我表现	班级获评等级	自我表现
校园活动评价	校运会						
	艺术节						
	科技节						
	六一儿童节						
	退队						
	其他活动						
	总评价						

评价方式：班级评等级按照学校的评价方案进行；自我评价按 A/B/C/D

续表

姓名		班级		性别		家庭住址	

		初一年级						初二年级						初三年级					
		上学期			下学期			上学期			下学期			上学期			下学期		
		班主任	同学	本人	班主任	同学	本人	班主任	同学	本人	班主任	同学	本人	班主任	同学	本人	班主任	同学	本人
班级评价	集体荣誉																		
	班级建设																		
	学习成绩																		
	同学关系																		
	班级纪律																		
	岗位职责																		
	总评价																		

评价方式：由班主任、同学和本人给予评价，综合给出总评价。评价等级：A/B/C/D

续表

姓名		班级		性别		家庭住址	
		初一年级		初二年级		初三年级	
		第一学期	第二学期	第一学期	第二学期	第一学期	第二学期
课堂评价	纪律						
	参与						
	预习						
	笔记						
	练习						
	思维						
	能力						
	示范						

评价方式：使用学校的课堂评价表，由任课老师给予评价，综合给出总评价。评价等级：A/B/C/D

五、研究创新之处、不足及展望

学校地处城市化进程较快的地区，不同于城乡接合部，无论是被迅速城市化的本地居民、扎根异乡的新移民，还是漂泊在出租屋的外地人，都在这种变化中呈现出不同程度的迷失，对子女的教育无所适从、无计可施，导致这类地区的孩子成长过程较为复杂，性格、行为呈现出多层次性，通常意义的评价指标或方式不能涵盖、触及学生成长的每一个角落和每一条神经，有遗漏、有疏忽，致使他们的成长总会因某种外力辅助的缺失而误入歧途。因此，课题的研究除常规评价体系构建外，侧重点在于以下几个方面。

（1）适性发展。重点是能正确判断与评估自我；依据自身个性和潜质选择适合的发展方向；有计划、高效地分配和使用时间与精力；具有达成目标的持续行动力等。

（2）健全人格。重点是能调节和管理自己的情绪；有积极的心理品质，自信自爱，坚韧乐观；积极交往，有效互动，建立和维持良好的人际关系等。

（3）人文情怀。重点是以人为本，尊重、维护人的尊严和价值；关切人的生存、发展和幸福等。

（4）法治信仰。重点是尊崇法治，敬畏法律；明辨是非，具有规则与法治意识；依法律己，依法行事，依法维权；崇尚自由平等，坚持公平正义等。

"学生综合素质评价体系研究"这一课题由于时间短，内容涵盖面广，所以研究的深度和广度仍须继续加强，但对我校的学生管理和学生发展有较明显的作用，得到家长和社会的认可。

学生的成长是一个动态过程，课题研究本身不可能建立一套尽善尽美的体系或制度，需要随着学生的发展不断地进行调整。对学生的评价如何走进学生内心，触及其灵魂，是我们今后继续研究和努力的方向。

参考文献

[1] 叶禹卿. 新时期校本管理操作指导与案例解析［M］. 北京：中央民族大学出版社，2006.

[2] 邓云洲，朱东平. 守望精神家园：中学德育工作的理论、方法与个案［M］. 北京：中央民族大学出版社，2006.

[3] 张人杰. 大教育学［M］. 广州：广东高等教育出版社，1995.

[4] 广州市教育局基础研究处，广州市教育局教学研究室. 耕耘与收获：广州市义务教育新课程实验成果荟萃［M］. 广州：华南理工大学出版社，2008.

基于学生核心素养的教师专业发展研究结题报告

广州市白云区嘉禾中学　　范智娟

一、课题提出的背景、选题的意义及研究价值

（一）课题提出的背景

当前，世界各国教育聚焦于培养学生核心素养而展开各种研究和讨论。2014年3月，我国教育部印发了《关于全面深化课程改革落实立德树人根本任务的意见》，为推动社会主义核心价值观融入教育教学，提出"研制中国学生发展核心素养体系，明确学生适应终身发展和社会发展需要的必备品格和关键能力，系统落实社会主义核心价值观的要求"。2016年9月13日，北京师范大学举行了中国学生发展核心素养研究成果发布会。这项历时三年权威出炉的研究成果，对学生发展核心素养的内涵、表现、落实途径等做了详细阐释。我国学生核心素养与学科核心素养的培养战略已经正式启动。在这一背景下，我们必须思考现代教师需要具备怎样的专业素养，开启怎样的专业发展之路。所谓教师专业发展，也就是教师作为专业人员，要从专业思想、专业知识、专业能力和专业心理品质等多方面由不完善到比较成熟和完善的渐进化发展过程。《国家中长期教育改革和发展规划纲要（2010—2020年）》提出"构建灵活开放的终身教育体系"，"搭建终身学习'立交桥'"。"更新继续教育观念，加大投入力度，以加强人力资源能力建设为核心，大力发展非学历继续教育，稳步发展学历继续教育。重视老年教育，倡导全民阅读。广泛开展

城乡社区教育，加快各类学习型组织建设，基本形成全民学习、终身学习的学习型社会。"这一思想为我们构建终身教育体系，加快发展继续教育提供了理论依据和政策保障。

（二）本课题的选题意义和研究价值

教师专业发展的研究是教育发展的重要支撑。教师专业发展程度决定了教育的品质，教师队伍建设也是学校建设的永恒主题。随着课程改革的不断深入，我们清醒地认识到：基础教育课程改革，学生核心素养的提出对当今教育提出了严峻挑战，也对教师提出了新挑战、新要求，使我国教育的发展对教师素质的关注达到了空前的高度。目前，大部分学校教师专业成长的方式仍很单一，大多数教师自我发展意识淡薄，理论素养不高，科研能力不强，文化底蕴薄弱，基本技能欠缺。即便是学校优秀的教师也不注重优质资源的积累和整合，使学校的优质资源没有得到充分的挖掘和利用，导致大部分教研活动缺乏专业引领，教师团队缺少交流合作，教师成长缺失源头活水。这些问题明显阻碍了教师的成长，影响新课改的实施与发展。如何在新课程改革的形式下培养教师的主体意识、研究意识和反思意识，成就教师专业发展呢？通过探讨有效的模式达到促使教师转变教学观念、改进教学方法、更新教学技能、创新教学模式、提升专业素养，实现教师整体提升、个体优秀的专业成长目标。

二、文献综述及国内外相关研究

（一）关于核心素养的研究

"中国知网"平台进行文献资料的梳理，以"核心素养"为关键字进行搜索，结果显示：研究成果多集中于2014—2016年，其中，2014年13篇，2015年77篇，2016年788篇。

1. 核心素养本体论的探讨

相关论文有《从"素质"到"核心素养"——关于"培养什么样的人"的进一步追问》（柳夕浪）、《谈"核心素养"》（李艺、钟柏昌）。其中，2014 年主要集中于外国核心素养的对比研究，如以欧美为例的《教育变革期的政策机遇与挑战——欧盟"核心素养"的实施与评价》（刘新阳、裴新宁）、《以"核心素养"为中心的课程设计——苏格兰的经验和启示》（蔡文艺、周坤亮），以日本为例的《日本"学力"概念的演进》（钟启泉）。

2. 核心素养下的课程构建

从 2015 年起，以课程建设为焦点的研究逐步受到关注，如以《基于学生核心素养发展的"1＋X 课程"建构与实施》（窦桂梅、胡兰）、《"核心素养"视角下多元文化学校课程如何构建》（陈兰、曹伦华）、《基于核心素养的课程创新动因、本质与路向》（张铭凯、靳玉乐）对课程构建与实施进行研究。从课程标准建设角度有《基于核心素养的课程标准研制：国际经验与启示》（邵朝友、周文叶、崔允漷）、《基于核心素养培养的基础教育课程标准建设》（何玉海），对外比较教育方面有《西班牙基于学生核心素养的基础教育课程体系构建》（尹小霞、徐继存）、《核心素养在台湾十二年国民基本教育课程改革的角色》（蔡清田）。

3. 核心素养下的学科教学

大量研究以各学科教学为对象，如《数学核心素养的培养——从教学过程的维度》（陈敏、吴宝莹）、《基于学生核心素养发展的语文"助学课堂"》（秦艳）、《培养学生核心素养的途径——以高中政治教学为例》（张志红）、《推进基于学科核心素养的教学改革》（史宁中）。

4. 核心素养下的学校管理与评价

以学校管理角度探讨核心素养，如从学校特色建设角度有《论学校特色发展的可能性及其局限——兼对"李希贵之问"的回应》（黄学军），从办学理念角度有《高中学校学生发展核心素养的现实关照——百所高中校训的静态分析》（李刚、吕立杰），从学校发展规划角度有《学校发展规划评估：学生发展核心素养的视角》（程艳霞、程国玺），从教育评价角度有《核心素养评价的国际经验——来自PISA的启示》（吴玫、虎秋璇），从社会实践活动角度有《在综合实践活动中培养学生科学素养》（冯珂），从教育改革角度有《基于核心素养的教育改革实践途径与策略》（姜宇、辛涛、刘霞、林崇德）、《核心素养视角下我国课程改革研究现状及走向》（黄玲琼），从教育测评角度有《基于核心素养的科学学业质量测评》（胡卫平）。

（二）关于教师专业发展的研究

以"教师专业发展"为关键字进行检索，从研究数量上看，教师专业发展在近10年来都是教育工作者研究的热点话题。在《校本教师专业发展研修手册》（熊焰）这本专著中，作者从教师专业化的概述、基本特征、影响因素、核心内容和实践研究等方面进行教师专业化发展概述，提出校本教师专业发展的基本原则、内容和策略等，对本文通篇的构建具有重要指导意义。

1. 教师专业发展理论的研究

相关论文有《论教师专业发展》（宋广文、魏淑华）、《实践性知识：教师专业发展的知识基础》（陈向明）。从目前的研究来看，学者对教师专业发展的概念有多种理解，并且理解越来越宽广，从关注教师专业发展的结果，即获得履行教学功能的知识、能力和品性，转变为强调教师专业发展的过程，即教师的终身学习，再转向注重教师专业发展的目的，即发挥教师的自主意识并鼓励教师参与社会变革，如《教师角色与教师发展新探》（叶澜）、《从教师专业化到教师专业发展》（刘红斌）。

2. 多学科视野中的教师专业发展研究

研究者多从各自学科的基础探讨教师专业发展问题，从哲学、社会学、心理学、教育学、文化学、生态学等角度，如《论教师专业发展的社会支持系统》（李金钊）。教师专业发展研究有多种方法论，包括理性思辨方法论、实证主义方法论、人文或解释主义方法论、批判主义方法论等，如《"教师专业发展"观批判》（朱新卓）。

（三）关于核心素养与教师专业发展相结合的研究

同时聚焦在核心素养和教师专业发展两个方面，即从核心素养的角度看教师专业发展。苏继红在《基于学生核心素养的教师教育改革之思》一文中，阐述哈尔滨师范大学教师教育改革已经取得的成效，并从逐步构建因材施教教学模式，获得学科核心素养能力，逐步构建全方位素质教育模式，形成职前教师终身发展必备品格等方面，提出提高学生核心素养的相关对策。《基于培养学生核心素养的教师专业发展》（姜月）发表于2016年11月，论文提出要树立"教育要发展学生适应终身发展和社会发展需要的必备品格和关键能力"思想，在教师专业知识上要有量、质、结构的发展，要关注教学设计能力、教学组织管理能力以及教学交往能力的发展。《"发展学生核心素养"背景下的教师培训课程》（吴惟粤、李俊）以促进教师提纲挈领落实学习发展目标，提出必须加强教师培训资源的整合，科学设计培训课程，设立多层次、多类型的教师培训项目，建立多形式、高效能的教师培训体系。

三、课题研究的主要内容、目标、方法和过程

（一）课题核心概念与界定

1. 关于"专业化"的概念

专业化是一个社会学概念，一般来讲，有两层含义：其一是指一个普通的职业群体在一定时期内，逐渐符合专业标准，成为专门职业并获得相应的专业地位的过程，侧重于过程；其二是指一个职业专业性质和发展处于何种状态和水平，侧重于性质。

2. 关于"教师专业化"的概念

教师专业化是指教师职业具有自己独特的职业要求和职业条件，有专门的培训制度和管理制度。教师的专业性包括学科专业性和教育专业性，国家对教师任职既有规定的学历标准，更有较高的教育学识、能力和职业道德要求。教师专业发展是一个持续不断的过程，教师专业化也是一个发展的概念，既是一种状态，又是一个不断深化的过程。教师专业化是职业专业化的一种类型，其本质上是个体成长的历程，是教师不断接受新知识，增长专业能力的过程。

3. 对本课题的界定

"基于学生核心素养的教师专业化发展的研究"，是指立足于学生核心素养和教师队伍现状实际，从学校管理和教师自主发展层面探索促进教师专业化发展策略，并形成体系，使教师更快更好地适应新时期教师专业化发展的学科专业性和教育专业性的必然要求的研究。

（二）课题研究的目标和基本内容

1. 现阶段制约教师专业发展的问题分析

许多教师对专业发展规律、周期以及相关价值缺乏热情，没

有明确的人生目标，对专业主体缺乏角色定位感失，因而在专业发展中很少有自己的见解。虽然见解未必需要传达给他人，但在内心之中，教师必须对专业有自己的看法。

2. 基于学生核心素养的教师需要怎样的培训

略。

3. 基于学生核心素养的教师专业化发展的对策和建议

（1）基于学生核心素养的教师专业思想的建立，提出复合型教师专业发展的实施方案。

（2）基于学生核心素养的教师专业知识的拓展，培养复合型教师队伍。

（3）基于学生核心素养的教师专业能力的发展，探讨教师专业发展的有效模式。

（4）基于学生核心素养的教师专业心理品质的培育。

（三）课题假设和拟创新点

1. 课题研究的假设

教师是学习的组织者和引导者，教师是学生学习和成长的见证者。其专业发展直接影响学生，因此，关键是提高教师的理论水平，改变教师的教学观念，认真研究教材教法，创建高效课堂，优质课堂、教师的专业发展才能引领学生的发展。

2. 课题研究的拟创新点

（1）强化自主性：我们认为教师发展的最大动力来自教师本身强烈的进取心和成功愿望，教师自主发展才能保证教师真正发展和可持续发展。本课题首先强调的是教师的自主意识，摆脱长期以来教师被动发展的不良局面，强调教师个体的主动参与和自主发展。

（2）坚持发展性：本课题强调教师专业成长的发展性。

（3）追求合作共进性：强调教师专业成长的合作共进性，

为教师提供大量相互交流、相互合作、共同进步的机会，使教师摆脱某种程度的封闭感与孤独感，感受集体的温暖和力量，从而实现个体优秀、集体共进成长的目标。

（四）课题的研究思路、研究方法、技术路线

1. 课题研究的基本思路

本课题本着"实证引领，理论联系实际，突出理论指导性，强化实践应用性，构建复合型教师专业发展体系"的基本思想，建立校本资源库，服务教师，形成主动参与格局，实现个体成长、集体共进的目标。采取多角度、多层次的研究思路，实行理论研究与实证分析相结合、定性分析与定量分析相结合、综合研究与专题研究相结合的方法和手段，确保项目的科学性、实效性。

2. 课题研究主要将采用的方法

（1）调查研究法：通过问卷、专访、测试等调查法，对我校教师的专业素养、专业自我意识和影响教师专业化发展的因素等进行调查研究，了解我校教师的教学思想、教学行为和专业自主发展意识，为本课题研究提供翔实的可供参考的研究素材。

（2）文献研究法：组织教师学习本课题研究的国内外现状和理论知识，以及其他研究者的分析研究，提高实验教师的理论素养，使我们的研究建立在坚实先进的理论基础之上。

（3）个案研究法：对有代表性的教师做跟踪研究，凸显个性特色，形成个案研究报告。

（4）行动研究法：根据问题—设计—行动—观察—反思的步骤，对一些材料进行整理，概括出行动与目标的关系，再通过课题组集体研讨、观摩教学，研究调查解决。

（5）经验总结法：在大量实验研究的基础上，积累丰富的第一手资料，按研究内容形成各学科的研究报告及学校总课题研究报告。

3. 课题研究的步骤

（1）课题准备阶段：2017年12月—2018年3月。

①召开课题组会议，完成课题研究方案的制订、申报工作。

②确定课题组成员及分工，进行理论资料的准备、调查分析、收集，起草"课题实施方案"及实施执行计划。

③制订制约教师专业发展的原因调查问卷。

④对调查问卷进行统计分析。

⑤搜集资料，向专家咨询，对课题研究进行深入思考。

⑥写出开题报告，起草课题实施方案及实施计划。

⑦进一步征求专家意见，修改方案，对方案进行论证。

（2）实验研究实施阶段：2018年5月—2019年4月。

①通过问卷数据统计、分析，与教师、领导交流，分析制约教师专业发展的原因。

②通过定期召开课题组成员会，研讨探究如何制定教师的专业发展规划。

③研究对策：针对制约教师专业发展的原因，制定相应的策略。

④实践与理论相结合：运用理论指导教师转变角色，向课堂45分钟求效率，同时研究总结出一条适合本校实际的理论与方法。

（3）实验总结阶段：2019年5—7月。

①对本课题的研究过程及资料进行整理、归纳、总结、分析，撰写研究报告，完成课题研究成果的编汇工作。

②召开课题总结会。

③撰写结题报告，申报结题。

四、研究结论及其取得的社会效益

(一) 现阶段制约教师专业发展的问题分析

1. 通过调查研究,对教师专业化发展的现状有了明确的了解和认识

(1) 教师专业素养现状分析。

一名合格的教师在专业精神、专业知识、专业技能方面应有其独到的专业特殊性,具体表现在:积极的专业精神、专业知识发展、娴熟的专业技能和教学能力。叶澜认为,当代教师专业素养应包括专业理念、知识结构、能力结构三方面。因此,本研究从专业思想、专业知识、专业能力、专业心理四方面调研教师专业素养现状。

①专业思想。专业思想中首要的是教师的自我认同感。本研究从了解教师从教满意度入手,以此来评价教师自我认同感的高低(见表1)。

表1 教师从教满意度情况

单位:%

选项	很满意	满意	一般	不太满意	很不满意
从教满意度	20.4	53.1	23.6	1.6	1.4

表1显示:73.5%的被调查者对从教"很满意"或"满意",但仍有23.6%的教师对自己从教抱无所谓的态度,对教育工作的意义认识不到位,更有3%的教师内心不愿从教。

②专业知识。以专业化的眼光审视,教师应具备的专业知识至少应有三个方面:普通文化知识、任教学科知识和教育科学知识。在新课程改革要求下,知识的沟通与融合更是必不可少的。为此,本研究通过问卷让被调查者评价专业知识四方面内容的重

要程度和具备程度，评价结果见表2，此外还比较了教师对学科知识、教育科学知识的关注度，比较结果见表3。

表2　教师对专业知识重要程度和具备程度的评价

单位：%

内容	很重要	重要	一般	不重要	完全具备	具备	基本具备	不具备
科学文化知识	46.3	50.1	3.1	0.3	14.5	73	12.1	0.4
任教学科知识	63.5	34.1	2.0	0.4	19.2	73.5	7.2	0.1
教育科学知识	52.6	44.6	2.5	0.3	13.7	69.1	16.8	0.3
知识的沟通与融合	51.3	46.5	1.9	0.3	13.4	72.1	13.8	0.7

表3　教师对学科知识和教育科学知识的关注情况的比较

单位：%

内容	经常	偶尔	很少	从不
关注您所执教学科的最新发展情况	68.6	27.5	3.5	0.4
关注教育科学的最新研究动态情况	44.3	47.6	7.7	0.4

以上数据显示，95%以上的教师认为专业知识结构的四方面内容都很重要，自己具备程度也较高。在教师心目中，最重要和最具备的专业知识是任教学科知识，说明大多数教师具有胜任教学的专业知识基础。而排在最末位的是教育科学知识。教师长期受应试教育影响，过分重视学科知识，相对忽视教育科学知识。经常关注学科知识新发展的教师居多，而关注教育科学新动态的教师少，表明教师对专业知识结构认识有偏差，现有知识结构与新时代的要求有一定差距，需要更新和完善。

③专业能力。一名合格的富有专业化训练的教师，应该具有

娴熟的专业技能和教学能力,并通过不断的实践上升为教育教学的技巧。教育的技能技巧和教学能力是体现教师职业专业性和与众不同的教学艺术性的特有方面。

本研究通过问卷让被调查者评价专业能力三方面内容的重要程度和具备程度,评价结果见表4。

表4 教师对专业能力重要程度和具备程度的评价

单位:%

内容	很重要	重要	一般	不重要	完全具备	具备	基本具备	不具备
教育教学能力	62.8	36.5	0.7	0	18	73	8.6	0.4
科研能力	36.8	49.4	13.5	0.4	7.3	61.4	29.2	2.1
反思能力	39.9	56.6	3.1	0.4	13.7	72.7	13.2	0.4

观察表4发现,教师最看重教育教学能力,其次是反思能力,最后才是科研能力;最具备的也是教育教学能力,最欠缺的是科研能力。可见,提高教育教学能力和反思能力的观念已深入教师心中,科研能力的重视和具备程度还远远不够。

④专业心理。在教师专业思想、专业知识、专业能力和专业心理四个方面,教师的专业心理是整个教师专业发展的关键,它既是教师专业发展的目标,也是教师专业发展的动力保证。

本研究认为,专业心理包括专业理想、专业情操、专业性向和专业自我四个方面(表5)。

表5 教师对专业心理重要程度和具备程度的评价

单位：%

内容	很重要	重要	一般	不重要	完全具备	具备	基本具备	不具备
专业理想	54.5	43.3	1.7	0.4	27.9	64.4	7.3	0.4
专业情操	55.8	41.2	2.6	0.4	27.9	64.8	6.9	0.4
专业性向	51.5	46.4	1.7	0.4	27.5	65.2	6.9	0.4
专业自我	44.2	51.1	4.3	0.4	16.7	70.8	12	0.4

表5数据表明，教师认为专业心理很重要，自我具备程度也较高，尤其是专业情操在教师心目中是最重要的，也是最应该具备的。数据还表明，教师专业自我的意识相对淡薄些。教师因受环境所限，在专业发展方面，大多对自己的要求不高，追求自我发展的意识不强。

（二）教师自身专业发展意识和发展实质观分析

教师自身的专业化发展意识是教师个体对自己工作业绩和发展水平或现状的评价及其要求改变现状的意识水平。其内容构成一般包括三个方面：对自己过去发展过程的意识，对自己专业发展现状、所处阶段的意识，对自己未来专业化发展的规划意识。

1. 教师对自身专业化发展现状满意程度的分析

本研究发现23.6%的教师不清楚或不思考自身专业化发展现状，选择了"一般"，表明这部分教师对自己专业发展抱无所谓的态度，不明白自己发展的立足点，专业发展难以为继。这与当前学校的评教体制密切相关。学校对教师的考核就是任教班级的成绩。这种评价机制使教师忽视自身的专业发展和学生的全面发展，或使教师把自身专业发展等同于学生成绩的提高。

2. 教师专业发展实质观分析

由于对专业发展价值的理解不同，教师对自身专业发展的认识、追求和评价自然各不相同，这也体现了教师专业发展的丰富内涵。本研究从问卷中"什么最能体现教师专业发展的进步与成功"的不同回答来分析教师专业发展实质观（表6）。

表6 教师专业发展实质观分析

选项	百分比/%
职务职称的提升	14.3
取得更高的学历	0.2
学生获得良好发展	42.9
个人修养的完善	8.2
业务水平的提高	21
经济收入提高	8
受到社会更多尊重	4.9

表6数据表明：有42.9%的教师能把学生获得良好发展作为自己专业发展成功的标志，这反映了新的课程改革以来，教师逐渐确立了以学生为主体的新学生观，教学中能立足于学生的发展。有近1/3的教师注重专业发展的内在素质，有较强的自我发展意识，能致力于自身业务水平、个人修养的提高和完善。

3. 教师自我思考和规划专业发展情况分析

专业发展意识强、勇于进取的教师，往往有自己的专业发展思考和规划。这启示学校管理者应充分关注教师专业发展的需求，做好唤醒、激发、指导工作，为教师多创设专业发展的平台，最大限度地提升教师专业化发展的水平。

（三）建立教师专业化发展的学校管理策略

1. 建立有利于教师专业化发展的运行机制

教师专业化发展必须依赖于行之有效的教育机制的建立，才能最大限度地推进教师专业化发展进程，才能最有效地促进教师的专业化发展。经过反复实践和研究，我们建立了有利于教师专业化发展的运行机制，学校坚持开展"2346"教师发展工程，引领教师专业发展，取得了较好的成效。

"2346"教师发展工程中，"2"是指2个教学大赛："青蓝"赛、"明星"赛。"3"是指3个论坛：校级领导中层班子互动访谈、学科组内沙龙研讨、全校性教育峰会。"4"是指4个研修阵地：党员工作室、名师工作室、骨干工作室、青年园地。"6"是指6个一工程：订好一份计划、读一本好书、做一次好经验分享、上一堂好课、参加一次培训、写一篇教学反思或好论文。具体做法如下。

（1）全方位、多维度的2个教师教学大赛。

我校每学年都会举行"青蓝"赛、"明星"赛等大型的教学比赛，要求教师每人每学年上一堂公开课，让全体教师能够充分"动"起来。

教学大赛共有两种：一种是校内的比赛，一种是校外的比赛。各级各类赛课、评优课为教师专业成长提供了平台，注入了强大的动力。教师通过互相听评课、互相借鉴和研讨，从中找到课堂教学改革的方向，在比赛过程中，大家有发现的快乐，也有创造的快乐。往往各级各类观摩课、赛课或评优课都倾注了教师及相关专业人员的集体智慧，被赋予代表一所学校或一个地区教学水平的重任。因此，每一次这样的比赛活动，都会成立一个备课小组，备课组总是力求完美，有时为了一个情境创设争论得面红耳赤，有时为了一句过渡语苦苦思索、细细推敲……就这样，大家不断学习着身边教师的优秀经验，不断汲取着先进的思想和智慧。精心雕琢的过程，也是教师与教师之间互相启迪、全面反思自己日常教学行为的好机会，从而使教师的课堂教学日益精进。同时，各级各类赛课或评优课一般都要经历同课多轮的锻炼，这个过程是教师深度思考、反复琢磨、集思广益、不断改进的过程，它给教师带来的专业体验和行为跟进是常态课所无法比拟的。经过赛课的打磨，教师对如何把握教材、如何把握学生、如何设计课堂的每一个环节就会变得十分清晰。上完课以后，授课教师也可以从评课教师那里反馈自己的优点与不足，多了一份专业引领。

可以说，在赛课的磨砺中渐渐生长，大大缩短了教师的成长周期，是教师专业成长的动力，是成就名师不可缺少的磨炼。

（2）高起点、深层次的3个教育论坛。

我校每学年都会定期举行3个层面的论坛："校级领导中层班子专题互动访谈""学科组内沙龙研讨""全校性教育峰会"。学校根据教师的兴趣爱好和工作需要，就教师职业道德、教育教学工作中的热门话题和教学课改中的疑难问题定期或不定期举行各种形式的读书报告会、教育教学经验交流会、研讨会。其目的是给教师创造一个相互交流的机会，共享教育教学的经验和成果，如"如何克服职业倦怠""如何开展研究性学习""如何改变教师的传统教学习惯""新课程理念下的课堂教学要不要教学秩序""课堂中怎样把时间和空间留给孩子"等。这些专题来自教师的实际，还原于教师的课堂操作，它与教学的实际息息相关，教师讨论踊跃，反思激烈。在论坛学习中，教师发现了自身的陈规陋习，看到了与新课程理念背道而驰的种种平时并不注意的习惯做法，从而促使自己努力去改变。

（3）宽领域、多渠道的4个校本研修阵地。

校本研修是基于学校发展、教师专业成长的研究。它以发生在学校教学现实场景的真实问题以及提升教学常规、教学水平、教学管理等方面为研究内容，深深根植于学校与教师的现实需求。校本研究不仅可以促使教师在自己的岗位上立足于自己的教学实践、提出问题并解决问题，使教学研究成为教师的职业生活方式、思想行为方式乃至生命存在方式的一部分；同时，还可以培植一种学校文化，强调科学精神、民主精神和团队精神，营造求真、务实、自由、融洽的教研氛围，形成对话机制，为教师的信息交流、经验分享、专业会谈、展示自我提供平台。突出"以校为本"，建立了4个研修阵地——党员工作室、名师工作室、骨干工作室、青年园地开展校本研究工作。这些工作室的校本研究形式主要有以下三种。

①课题研究。基于校本的课题研究应以教学改革过程中遇到的问题为研究对象，通过"发现问题—查阅资料—编成研究方案—根据方案去行动—反思总结"的基本流程，围绕同一专题多次多人反复研究，探寻教学对策，逐步解决，从而提高教师实施新课程的能力。其优势在于：一是研究的问题来源于教师、教学之中，以"面对真问题，展开真行动，获得真发展"为目标，教师兴趣浓厚，参与热情高，可以有效地促进教师对教育规律的认识、对教育技巧的把握，强化教育科研的能力。二是能克服以往个人课题的盲目性、随意性。可以以党员工作室、名师工作室、骨干工作室、青年园地为单位开展研究，也可以三人五人自由组合成"志同道合"的研究组，将零散的研究整合起来，将"单兵作战"变为"集体攻关"，把培训、教研、教改相结合，培养教师团队协作的精神，使学校真正成为教科研实体。三是课题组教师共同探讨、交流与分享，得到大量的信息，共同感受成功与困惑，是组内成员互助、互学、互进的过程。

②案例研究。学校提倡以某一具体的教育案例为研究对象，重在"问题解决、改进、优化和提高"。所谓教育案例，就是对

教育教学实际中发生的一个有疑难情境或某些决策行为的真实描述。它通过一个引人入胜的故事，向教师提供具体的背景、人物、场合、事件和结果。一个好的案例往往代表一类典型事件，蕴含着深刻的教育理念和教育教学技能，有利于教师分析和反思。内容上教育案例可以是学生学习中的有趣故事，可以是教育教学中遇到的突发事件，可以是师生交往中的经历，也可以是教师、学生成长的经历。案例的采集和写作过程不仅是记录自己的教育教学经历，它还可以使教师更为深刻地认识自己工作中的重点和难点，促进教师对自身行为的反思，提升教育教学专业水平。同时，案例交流也为教师分享教育教学经验、加强沟通提供了一种有效的方式。案例研究把先进的理念通过以案例为载体进行研究，强化了教师的实践智慧，发展了教师的反思能力。

③磨课研究。每学期以科组为单位开展"一人一课"评议活动，以课堂为中心，以"有效教学"为主题，围绕切实提高教学准备、课堂教学过程、训练检测、课后辅导、教学评价的有效性，进行课堂教学的研究。磨课研究方式有一人同课多轮、多人同课循环、同课异构、互动式观课、诊断式观课和反思式观课等，使得教师始终以研究的眼光审视、反思、分析和解决自己在教学实践中的问题，改进教学行为。如八年级进行"平行四边形面积计算"教学研究时，同备课组三名教师都选同一内容上课，第一位教师上完课后集体评议，大家肯定优点，分析问题。第二位教师通过比较及反思，根据新情况对自己原先设计好的教案进行调整，上完课后再进行评议。第三位教师根据前两位教师上课的情况，对自己的设计重新进行审视、调整，然后上课、评课。这样，尽管是同一内容，三位教师却上出了不同风格，其教学结构及方法也有了很大的改进。"一课三人上"是组内所有人员围绕一个课题发挥各自的特长，执教者个体反思，辅以同伴互助来逐渐改变自己的观念和行为，形成自己独特的教学风格。

校本研究实际上是把学校的教育实践过程变成一种研究的过程，实现教育理论与教育实践的双向构建，使学校真正成为一个研究的实体、文化的实体。校本研究由于问题的现实性、参与的广阔性、内容的丰富性而成为培养教师集体专业扎实成长的根基。

（4）系列化、一站式的"6个一"学习培训工程。

学习培训是教师专业成长的"充电站"，广大教师只有不断地学习，充分为自己"充电""蓄能""吸氧""补钙"，才能源源不断地接受源头活水的补给。教师要给学生喝"新鲜水"，自己就得"长流水"，这就要求老师必须常学习。学习培训可以提升自己的理论水平，加深自身底蕴，提高自身学养，让自己浸润在文化的滋养里。教师只有在不断的学习、不断的探索中，陶冶自己的情操，扩大自己的视野，才能在不断的社会进步中跟上时代的步伐，才能有更多更新的知识来面对学生提出的各种问题。每学期要求学校教师做好"6个一"工程：订好一份计划、读一本好书、做一次好经验分享、上一堂好课、参加一次培训、写一篇教学反思或好论文。

①订好一份学习计划，规划自主发展目标。需要，是人的发展最强大的动力。要求每位教师根据自身实际，制定近、中、远期自我发展目标，学校根据教师的现状和自身特点，量身定做，提出明确的、通过努力预期可以实现的建议发展目标，并建立《教师发展手册》，记录教师在师德、教育教学能力、科研能力等方面的发展情况。这一举措大大激发了教师自主发展的积极性，使原来的"学校要我发展"变为"我自己要发展"，激发了教师自主发展的内在动力，从而积极参加各项教学活动、业务竞赛、课题研究、培训进修等，形成了你追我赶、争先恐后的局面。

②读一本好书，做一次好经验分享。教师的专业成长需要理

论的提高，没有理论支撑的实践是盲目的实践。教师更要在生活中不断地充实思想，多读书，会读书，读活书。因此，教师可以根据自身的需要，选学一些教育理论经典书籍，特别要经常读一些大师作品，通过读书加深自身底蕴，提高自身学养，让自己浸润在文化的滋养里。学校以创建学习型团队为抓手，要求教师"与书为伴""与大师对话"，每学期研读一本教学专著，学习素质教育思想，学习新课程理论，鼓励大家结合自身教学实际，撰写教育随笔或读书心得，不断积淀教学思想，提升自身的理论素养。同时，在看书、读报时，要特别关注那些与教育、教学相关的文章，好的文句要做一些笔录，并且在有空的时候经常翻出来看看，促使自己经常受到激励和启迪。学校还组织开展读书分享活动，让老师相互推荐优秀书目，分享各自的读书心得，在全校范围内形成好读书、乐读书的学习氛围。

③聚焦课堂，上好每一堂课。学校每学期以科组为单位开展"一人一课"评议活动，以课堂为中心，以"有效教学"为主题，围绕切实提高教学准备、课堂教学过程、训练检测、课后辅导、教学评价的有效性，进行课堂教学的研究。上完课后，要向科组成员陈述自己的教学设想和意图（说课），大家开展评议活动。通过参与式的实例讨论、比较式的反思交流、沙龙式的主题研讨，传递教改信息和教学经验，使教师不断理解新的教学理念，优化教学行为。

④培训是永远的福利。学校根据时代和社会发展及学校发展、教师发展的需要，定期不定期组织相关培训活动。培训活动包括：教师外出参观学习、邀请校外的专家教授做学术讲座、由校长和部分骨干教师做讲座等，让教师从中开阔视听，接受新知，丰富自我。各级各类培训是教师专业化发展的好机会，每位教师都认同"培训是永远的福利"，抓住培训学习的机会，把自己的教学实践与培训的内容联系起来。

⑤让教学反思、教学总结成为习惯。一名美国学者说"反思是教师成长的翅膀"。教师只有不断反思，才能实现由经验型向学者型转变。美国著名心理教育学者波斯纳提出一个著名的教师成长公式：经验+反思=成长。因此，为引导教师注重教学过程的反思总结，学校要求教师在备课中教学随笔和教学反思不得少于课时数的1/3，且必须有一定的质量，使教学反思成为教师教学工作的一种习惯。教师通过总结反思，形成自己的教学风格和教学个性。

2. 形成教师自主发展策略

《中国学生发展核心素养》报告要求以科学性、时代性和民族性为基本原则，以培养"全面发展的人"为核心，因此，教师首先要成为"全面发展的人"，并注重"全面发展"的体系构建。

面对《中国学生发展核心素养》所指出的"以培养'全面发展的人'为核心"这一现实目标，教师专业化成为提高教师素质、改善教育质量，培育学生核心素养的重要途径。教师作为教育实践的主体，其综合素质是制约教育发展的关键。教师专业化成长过程中从教综合素质的提高，需要一定的外部条件来完成，应当高度重视教师人性的后天发展，并促成它向好的方向发展。同时，教师专业的自由发展也是教师内在需求的一种满足，教师个人生命的成长必然包含并体现其专业成长的历程。基于学生发展核心素养体系中的基本要素和要点，创造多元的条件和环境，构建多层次、多维度的教师专业发展体系。

（1）认识教师专业发展对学生核心素养的现实意义。

教师专业发展是提高学生核心素养的关键。教育工作主要是教师的工作，学校教育质量高低主要由教师决定。"教师发展是提高教育质量的关键"，"教师是学校发展之根本"。教师专业发展是教育改革的原动力。教师专业发展是提高学生核心素养的核心要素。一个学生能否具备人文底蕴、科学精神、学习能力、健康生活、责任担当、实践创新等力量,教师是关键。教师专业发展是教师自身幸福感的源泉。现代社会随着生活质量、生活水平的不断提高,人们越来越注重追求工作中的兴趣和成就感,越来越注重自身素质的提高和人格的健全,越来越注重成就事业和在工作中寻找幸福感。教师必须在职业生活中不断丰富自己。我们的生活质量和工作质量的提高,体现在有事业感、成就感、幸福感上,这是以人为本的核心。教师发展是学生发展的根本保障。通过教师的发展来促进学生的发展是应该的,也是必需的。于教师而言,专业发展不仅是在丰富自己的生命,其实也是在丰富学生的生命。

(2) 日常的教育教学实践是教师专业发展的归宿。

学生的核心素养如何培育,最终要落实到每日的教育教学实践过程中。教师专业是一种实践,实践是专业的本质特征。相对于理论工作者而言,教师专业是一种实践,具有价值冲突性、复杂性、不确定性等特点,需要实践者不断重构问题,在行动中反映,与情境对话,进行实验性探究。广大教师的工作场所在学校里、在课堂上,这是教师专业学习的常态。华东师范大学柯政教授认为:教师专业发展最好在真实的学校情境中发生,学校能够提供教师发展所需要的绝大部分知识,脱离学校真实情境的知识都是低效的甚至是没有意义的。浙江省教研室副主任张丰认为:促进教师专业发展的关键在于是否以学校为出发点,是否在关注学校教学中实际发生的问题。

(3) 重视学生的核心素养,不能忽视教师的精神成长。

教师精神成长应该是教师自身的内在要求,是教师这一职业所应具备的素养和态度,如将教育当成实现自身价值和自身成长的需要,而不是仅将教育看成谋生的职业和手段。只有精神成长了,教师对专业的认知才可能深入,教师和学生的学习才可能由被动变主动、由消极变积极。

在培育学生的核心素养过程中,教师专业成长和精神成长是前提,教师的精神成长不是无本之木,它首先有赖于教师的自我觉醒。在工作中,教师如果不能感受到创造的快乐,而是被淹没在重复、机械的教学活动中,迟早会产生职业倦怠。这种被动的精神状态会直接导致工作效率低下,会让教师错误地以为目前的疲惫状态是工作常态,因而不主动寻求突破和改变。独木难成林,教师的精神成长更需要团队的力量来形成能量的共振磁场。无论什么场合,团队的力量都是不可忽视的。教师的消极情绪聚到一起可以相互感染,同样,其正面情绪聚到一起也会引起共振。任何时候,环境对人的影响不容小觑。教师精神成长的大环境,其核心因素就是学校的决策者。作为学校中坚力量的教师,能否在工作中感受到自己存在的价值,能否在工作中感受到职业带来的幸福,能否在教材和学生身上感受到创造的乐趣,能否在校园中有归属感,能否真正为学生核心素养的培育起到关键作用,很大程度取决于教师精神世界的成长。

(4) 构建教师自主成长平台,引领学生自主发展。

首先要积极倡导学习化社会的建立。在科技发展日益迅猛的今天,不学习就意味着丧失竞争力,也就丧失生存的能力。因此,"不管是教育主管部门,还是学校领导部门,都要积极创设一个团结向上、自信、努力的文化氛围,积极听取一线教师的利益诉求,使自主成长成为教师发展的推动器。作为教育主管部门,应当充分认识到教师自主成长对教师队伍建设的重要性,认识到教师自主发展对推进整个教育事业的重要性。在制定教育政策时充分灵活考虑教师自主成长需要,从制度措施上鼓励支持教师为促进自主成长进行各种活动"。教师教育机构担负着培养自主成长型教师的主要任务,如果经过教师教育机构的培养与教育,广大教师有了自主成长的需要,掌握了自主成长的方法,那么他们就有可能指导学生有意识地、自觉地寻找学习机会,才有可能明确自己到底需要什么、今后朝什么方向发展,才有可能成为自主成长教师。同时,教师进修和培训机构应为职后教师的自主成长提供一定的理论与实践支持,改变传统的教师教育模式,深入学校和教师群体,关心教师和学生的发展需要,帮助教师解决教育教学中存在的问题,最终促使教师和学生由被动的发展走向自觉、主动的自主成长。

(5)创设自主学习的校园文化,培育师生自主学习能力。

学校要为教师和学生自主成长创造良好的环境,要积极营造一种有利于教师和学生发展的氛围,经常组织教师进行座谈以了解教师的需要,开展多种多样的活动激发教师发展的积极性,如选送优秀教师外出进修学习,请专家到学校教授前沿的教育教学理论,协调好教师之间的关系,调整好教师教学与学习之间的关系,给教师提供适当的学习经费,帮助教师化解家庭矛盾等,以解决教师学习成长的后顾之忧。只有学校文化有利于教师和学生成长,教师和学生才能获得最大的发展,学校开展的在职教师培训才能做到事半功倍。学校要在互信、互谅的氛围中提供教师对话、交流、观摩和评鉴的平台与机会,通过教师与学生之间的互动,改变教师内部的组织文化,使教师的工作由孤立的技术性工作转向专业探讨和追求成长的文化,也就是建立起一种合作文化。为了更好地进行教师间的合作,学校领导应尽量创造一切机会,让教师进行交流和探讨。

(6)教师间积极合作,培养学生的社会参与能力。

《中国学生核心素养》中的"社会参与"是重要方面,社会性是人的本质属性。社会参与,重在强调能处理好自我与社会的关系,养成现代公民所必须遵守和履行的道德准则和行为规范,增强社会责任感,提升创新精神和实践能力,促进个人价值实现,推动社会发展进步,发展成为有理想信念、敢于担当的人。

培育学生与他人进行交流与合作，要求教师成长中首先要重视教师之间的"合作参与"。工作中思想交流的结果，不仅是两人已有的知识和思想，而且可以引发新的知识和思想。在社会中，任何个体都不是独立存在的，而是在与周围人及环境的相互作用中存在和发展的。"一个人的发展取决于和他直接或间接进行交往的其他一切人的发展。"联合国教科文组织的《教育——财富蕴藏其中》一文指出了未来教育的四大支柱，其中之一便是学会共同生活，以便与他人一道参与所有活动并在这些活动中进行合作，作为社会成员的教师也不例外，而且教师这一职业和自主成长更要求教师具备、树立双赢的合作精神。教师自主成长单凭教师的个体劳动是不能达到的，需要集体共同努力。

（7）基于核心素养，尊重差异，优化课程，激发教师发展潜能。

核心素养的主体是学生，离开学生谈核心素养就是无本之木、无源之水。教师眼中必须要有学生。立德树人的最终目标是人，要培养学生的核心素养，教师就要转变单纯追求分数的观念，做到课中有人，心中有人。尊重差异，学校和教师就要站在学生的立场思考教育教学，我们所说的尊重，包括尊重教育规律、尊重青少年成长规律和认知规律、尊重学生的人格人性。

学校要科学地架构学生在校的全部学习生活，基于学生，基于教师，基于学校，从"生命教育"的哲学高度，对国家课程进行优化和拓展，开发符合青少年情趣、促进青少年成长、丰富学校内涵的学校课程，从环境到理念，从课堂到课程，从教师到学生，研制课程规划，构建基于核心素养的基础型、拓展型、探究型"三位一体"的课程群架构。在优化课程中，一是调整课程结构：根据不同素养对校本课程进行合并、归类。二是丰富课程内容：开发素养型课程，提供学生多样选择的可能，进而满足学生的差异性需要，促进知识、能力转化为素养，并促进素养的进阶。提升。三是推进学科融合：以学生的素养不断进阶提升为目标，打破学科界限，融通各学科知识，贯通价值观、思维力和创造力，形成自我修持、自我完善、自我超越的终身学习能力与习惯，培养跨学科、跨领域人才成长的核心素养。

为此，学校要做实教师培训，提升课程理解力。"教师即课程"，其实，教师的素质、教师的视野是隐形而深远的课程，加强教师培训，让每一位教师的课程观得到丰富，激发教师课程改革的热情，点燃课程改革的智慧，真正参与学校的课程设计和课程变革。做优校本特色，提升课程开发力。鼓励教师开发优质乃至精品的校本课程，围绕核心素养，科学制订课程目标，设计有逻辑的课程框架，并能精心选择课程资源，开展课程教学，实施课程评价。做好过程管理，提升课程实施力。关注教师实施基础型课程、拓展型课程、探究型课程的整个过程，既要体现指导和服务，又要有监督与评价、反馈与跟进，确保教师科学实施三类课程，全面发展学科核心素养。

教师教书育人的过程同时也是在向世界展示自己，并实现自身生命价值和意义的过程。因此，教师从职业中体验着创造性的工作所带来的充实与幸福，也获取了人生价值的永存和人格的升华。

（8）基于核心素养，立足课堂，改变教学方式，提升教师专业发展能力。

课程、课堂（教学）、评价和管理是学校工作的四个重点，四项工作的质量直接关系到育人目标的达成，也是核心素养落实的四个支点。教师是推动课堂变革与核心素养落地的决定因素与最大力量。学生核心素养的培育，需要课堂内外结合、学科间整合、活动中融合、家校社会共育来发展学生的核心素养。过去，我们考虑更多的是课堂教学能教会学生哪些知识与技能，但当下我们更应该考虑的是：课堂教学能给学生的未来提供哪些有用的东西？结合核心素养的相关研究，我们培养学生的核心素养有哪些？围绕核心素养的培养，我们如何转变教与学的方式？学生核心素养的培养，最终要落在学科核心素养的培育上。教师要在明确学科核心素养的基础上改进教学，变革课堂，形成可操作的路径和策略方法。以语文学科为例，学生的表达能力是学科核心素养的一个内容，那么，如何发展口头表达以及书面表达，具体的教学路径、课堂策略有哪些，就是语文教师需要在课堂上进行实践、总结并加以提炼的。精彩课堂理应是培育、训练、发展学生核心素养的循环往复的过程。

总之，学生的核心素养是由教师创造性劳动去培育的，有情怀、有智慧的教师团队的力量才是核心素养落地的关键和希望所在。学校可以通过尊重差异、优化课程、立足课堂、改变教学方式，发挥多元主体作用等为抓手，形成素养落地的合力，撬动学校教学现场常态中的改变、学生素养的提升和学校素质教育的再发展。

教师是学校发展的核心竞争力。肖川说："好的学校，就是能够让所有教师体验到作为生活者的幸福感和职业的内在尊严。"教师是学校兴旺发达的不竭动力。一所学校的办学视野和情怀，不只局限于亮点思维，更应着力于全局的改变：通过每一位教师的观念与行动的转变，来优化常态的教育现场，带领教师团队将教育教学面临的实际问题作为任务驱动，通过大胆尝试，共同的教研碰撞，促进学生、教师和学校共同成长，推动核心素养的提升。

3. 研究结论

教师专业发展需要动力，既需要外部动力，更需要内部动力；外部动力需要激发和推动，而内部动力则在于生长和创造。有人用打破鸡蛋作比：用外部力量、外部方式来打破，鸡蛋成了一种食物；反之，用内部力量、内部方式来打破，鸡蛋则诞生了一个新的生命。因此，基于学生发展核心素养的教师能否走向优秀、走向卓越，关键取决于内部动力的强弱。只有真正激发了教师自主发展的动力，他们才会走向专业成长的高地。

（1）基于学生核心素养的教师专业思想的建立。

"核心素养"就是个体在社会中生存与生活的最基本、最重要、最必需的素养。教育部在2014年3月印发了《关于全面深化课程改革落实立德树人根本任务的意见》，为推动社会主义核心价值观融入教育教学，提出"研制中国学生发展核心素养体系。明确学生适应终身发展和社会发展需要的必备品格和关键能力，系统落实社会主义核心价值观的要求"。"核心素养"被置于深化课程改革、落实立德树人目标的基础地位。由此可见，教师需要树立"教育要发展学生适应终身发展和社会发展需要的必备品格和关键能力"这一专业思想，并切实把它作为教师专业行为的理性支点。专业思想的建立，将会直接影响教师的知觉、判断等心理过程，从而引发其相应的教育教学行为。

（2）基于学生核心素养的教师专业知识的拓展。

核心素养的内涵，不仅包括核心素养概念本身，还包括下位概念"学科核心素养"。关于学科核心素养，各学科有自己的独特性，比如数学学科的核心素养为抽象，历史学科的核心素养为历史意识、历史思考与历史判断，美术学科的核心素养为图像识读、美术表现、审美态度、创新能力和文化理解。

（3）基于学生核心素养的教师专业能力的发展。

为了在教育教学中能顺利地培养学生的核心素养，教师要格外重视教学设计能力、教学组织管理能力以及教学交往能力的发展。教师在进行教学设计时，根据学科核心素养的要求，对教学内容进行分析，要形成多角度、多层次、开放地进行设计的技能。在课堂组织和教学中，教师要精心培养学生的学科核心素养。课堂的组织，展现课程的生成、学生对活动的参与和解决，是学生学科核心素养形成的主要途径。教师要具备相应的技能来指导学生,成为学生终身学习态度、方法与能力的指导者。在组织过程中,教师要具备技能,以求能够及时判断出学生的发展状态及需求,做出恰当的反馈和引导。教学交往能力包括与学生的交往能力和与教师的交往能力。与学生交往,教师需要具备理解学生素养现状的能力、与学生沟通的能力,在班级授课制中还要具备协调学生人际关系的能力。与教师交往,除了与同事一起分享观念和新知,更要着力于教师间教育力量的整合。

(4) 基于学生核心素养的教师专业心理品质的培育。

学生核心素养,要以知识为依托,让学生形成适应终身发展和社会发展需要的能力和品格。能力、品格、智慧、信念等正属于人的心理品质。应当说,培养学生核心素养,教师必须获得相应的专业心理品质的发展。要求教师在感知觉方面,面对复杂的生活环境能判断、会选择;在思维方面,保持思维的广阔性、动态性、创造性,学会自我思考,能够把知识综合化并用来解决问题;在情感方面,爱学生、爱教育、爱国家,与人友好,能合作,共同解决问题或完成任务;在意志方面,坚强、百折不挠地面对各种情境,保持终身学习的动力;在性格方面,活跃、务实、稳定、积极。这些心理品质既促进自身的专业发展,又给予学生积极的影响,发挥一种定向指导作用。以此,才能真正将教师专业发展与学生发展核心素养相促进。

五、研究的创新之处、不足及展望

(一) 教师的发展

通过本课题研究,一大批教师专业化发展意识不断增强,专业发展素养不断提高,首先表现为对自己过去专业发展水平和现在专业发展状态有清晰的认识,对自己未来专业发展有规划,能把教育教学与科研结合起来，把工作中遇到的教育教学上的难题和热点问题转化为研究的课题，能与同事合作交流，善于将别人的先进经验整合到自己的经验结构中，有专业扩展能力，积极适应外界环境的变化，调整自己的观念，补充新的知识。其次表现为参与学校校本培训的积极性、主动性不断增强，很多教师能根据自己的实际情况提出有针对性的问题，制定个性化发展规划，既不被动盲从，也不会不顾实际盲动。最后表现为教师在实践中充分发挥自己的教育智慧，追求更高的理想目标。教师普遍意识到：学校不仅是学生成长的地方，也是教师成长的地方，教师在职业活动中不仅是付出和奉献，而且是与学生共同成长和发展，共同体验成功的喜悦和自身价值的实现。

（二）学生的发展

我们认为，学生的发展是衡量教师专业发展的一个重要指标。在实施课题研究的过程中，我校学生的综合素质得到了较好的提升。

（三）学校的发展

课题实施以来，重新审视"2346"教师专业发展实施方案，学校以"办人民满意的教育"为宗旨，坚持走内涵发展之路，确立教师与学校同步发展的办学理念，稳步提升办学水平。

（四）研究不足与展望

（1）由于教师所处的不同专业化发展阶段有所不同，在专业化发展上存在差异性，所以专业发展的实际需求也不尽相同。如何根据不同层面的教师来设计其专业发展的目标？怎样引领不同层次的教师克服自身发展"瓶颈"，追求专业发展的新境界？这些问题在本课题中研究得还不够深入，还须做更深层的探讨。

（2）本课题虽然从学校管理和教师自主发展层面对教师提出了专业化发展的实施策略，极大地增强了教师专业发展的自主性和能动性，取得了较好的成效，但如何让教师保持专业发展的不竭动力，还有很多难题迫切需要解决。

上述这些问题是值得探讨的，有待后续进一步深化研究。

参考文献

[1] 全国十二所重点师范大学联合编写. 教育学基础［M］. 2版. 北京：教育科学出版社，2008.

[2] 熊焰. 校本教师专业发展研修手册［M］. 天津：天津教育出版社，2012.

[3] 曹培英. 从学科核心素养与学科育人价值看数学基本思想［J］. 课程·教材·教法，2015（9）：40-43，48.

[4] 尹少淳. 文化·核心素养·美术教育：围绕核心素养的思考［J］. 教育导刊，2015（9）：17-18.

[5] 柳夕浪. 从"素质"到"核心素养"：关于"培养什么样的人"的进一步追问［J］. 教育科学研究，2014（3）：5-11.

[6] 钟启泉. 核心素养的"核心"在哪里：核心素养研究的构图［N］. 中国教育报，2015-04-01（7）.

[7] 袁振国. 核心素养如何转化为学生素质［N］. 光明日报，2015-12-08.

[8] 马云鹏. 关于数学核心素养的几个问题［J］. 课程·教材·教法，2015（9）：36-39.

[9] 姜月. 基于培养学生核心素养的教师专业发展［J］. 教育导刊，2016（11）：59-61.

[10] 赵庭标. 自主发展：走向专业成长的高地——南京东山外国语学校教师专业发展的思考与实践［J］. 江苏教育研

究，2015（32）：7-10，2.
[11] 窦桂梅，胡兰. 基于学生核心素养发展的"1+X课程"建构与实施［J］. 课程·教材·教法，2015（1）：38-42，48.
[12] 晋浩天. 教育部制定各学段学生发展核心素养体系［N］. 光明日报，2014-04-28.
[13] 黄学军. 论学校特色发展的可能性及其局限：兼对"李希贵之问"的回应［J］教育发展研究，2015（24）：11-14.
[14] 苏继红. 基于学生核心素养的教师教育改革之思［J］. 黑龙江高教研究，2016（7）：88-90.
[15] 吴惟粤，李俊. "发展学生核心素养"背景下的教师培训课程［J］. 课程教学研究，2016（8）：9-16.
[16] 朱旭东. 论教师专业发展的理论模型建构［J］. 教育研究，2014（6）：81-90.

"阳光评价"改革与减轻学业负担研究结题报告

广州市白云区嘉禾中学　范智娟

一、课题研究背景

减轻学生学业负担是我国基础教育改革长期以来努力的方向。《国家中长期教育改革和发展规划纲要（2010—2020年）》指出，减轻中小学生学业负担。过重的学业负担严重损害儿童少年的身心健康。减轻学生学业负担是全社会的共同责任，政府、学校、家庭、社会必须共同努力，标本兼治，综合治理。过重的学业负担虽然在某种程度上能提升学生的成绩，但是很大程度上扼杀了学生创新思维和能力的提升。为学生减负不仅有利于学生身心的发展，更有利于培养学生基础知识和基本能力的提高，有利于培养学生思考问题、解决问题的能力，有利于促进学生情感、态度和价值观的发展，可使学生在快乐中成长，在成长中快乐。根据《广州市教育局实施中小学教育质量阳光评价改革实施方案》，我校要更关注学生的学习时间、课业质量、难度、学习压力。学生学业负担过重将导致如下五点后果。

（1）体育活动时间不足。大概1/3的学生会觉得锻炼够了，但很多不超过一个小时，男生的情况较好，女生就更少运动了，甚至有部分不愿意去参加活动。

（2）家庭作业时间过长。学生普遍反映，每天在家中完成教师布置的作业时间过长。布置作业门类多，难度大，重复机械的作业多，不少作业还需要家长参与。城乡接合部学校，进城务工人员的子女多，大部分家长都在工厂打工，导致大部分学生只能应付,养成了不良的学习习惯。

(3)学科练习作业偏多。学生大多配备2本或2本以上的练习册,完成练习册的习题是造成学生课外作业尤其是家庭作业负担过重的主要原因。家长希望子女有个好成绩,所以支持多买练习题来做。学生为了完成这些课外作业,不得不挤占课余体育锻炼和休息娱乐时间。

(4)师生沟通时间不够。中学有近1/3的学生认为与教师有沟通,但了解不多。这与学生的年龄特点有关,也与教师的态度、情感有关。不少学生不是因为智力差而厌烦某一学科的学习,往往是与这科教师产生心理距离导致不喜欢这一学科的任课教师甚至不喜欢这一学科的学习。"亲其师,信其道",加强师德教育,要求教师平等、及时、有度地与学生沟通相当重要。

(5)分数加重心理负担。现在还存在着按学生的考试成绩排名的现象,给学生造成了沉重的心理负担。心理负担过重,严重危害了学生的全面、健康发展。部分学生谈及书包重,压力大;家长更是望子成龙;教师也有好学生的评判。

针对"阳光评价"的研究,国内研究成果十分有限,而国外相关研究更是少见。从国内研究看,陈怀凤在《小学生"阳光评价"的现状与跟进对策》(《教育实践与研究》第2014年第11期)一文中认为,任何一种评价方式的产生都有一个从不成熟到成熟的过程,儿童"阳光评价"方式也不例外。为了使儿童"阳光评价"方式更加适用,实施者要在实践中剖析其实施现状,不断探索适宜的跟进对策,使它发挥更大的效力,以促进儿童全面发展,提高儿童的综合素质,真正给孩子一个阳光的人生。孙刘华在《阳光评价:激扬思想品德生命课堂全过程》(《现代中小学教育》2015年11期)一文中认为,课堂上运用评价方式对学生的各类表现进行综合描述,给学生一种积极向上的能量。

这是"阳光评价"所期待的发展性评价方式。通过深入分析和观察思想品德生命课堂教育行为，审视与反思课堂评价中存在的问题，确立了"阳光评价"体系：关注学情，丰富评价内涵；关注过程，提升学习动力；关注多元，拓宽评价领域；关注个体，细化评价操作体系。如此，从而达到在评价过程中优化学生思想品德的目的。相关论文还有《评价体系视域下的中学阳光体育运动开展研究》（孟威）、《深入研讨　扎实推进——广州市中小学教育质量阳光评价实验项目研讨会综述》（胡志桥、张海新）、《打造"阳光少年"评价体系的实践》（杨建亭）、《阳光评价　让数学课堂充满活力》（吕妙芬）等。从广东省内研究看，广州市作为教育部确定的国家中小学教育质量综合改革30个实验区之一，于2014年5月正式启动中小学教育质量"阳光评价"实验项目的研究工作。根据《广州市教育局实施中小学教育质量阳光评价改革工作方案》，广州市中小学教育质量"阳光评价"的指标体系，涵盖品德与社会化水平、学业发展水平、兴趣特长潜能、学业负担状况、对学校文化的认同六大方面22项关键性指标。同时，按照小学、初中、普通高中教育的不同性质和特点，细化了评价指标、考查要点和评价标准的内容要求。中小学教育质量"阳光评价"实验，体现了《教育部关于推进中小学教育质量综合评价改革意见》（教基二〔2013〕2号）文件的精神，融合了广州市10年的基础教育学业评价改革的经验，具有鲜明的广州特色。这项改革实验，被视为广州市新型城市化发展破解教育难题、全面提升教育质量的关键举措。另外，还有广东省自然科学基金资助项目"基础教育学业质量水平监测CAT系统研发"、广州市教育科学"十一五"规划2010年度重大招标课题"促进义务教育均衡发展的学业质量评价体系研究"、国家社会科学基金"十二五"规划课题"促进区域教育均衡发展的学业质量评价体系研究"、广州市教育系统学术创新团队研究项目"广州市中小学教育质量综合评价体系研究"、广东省教育科研"十二五"规划 2013 年度课题"中小学教育质量综合评价改革与中小学德育质量提升研究"、前期研究成果《广州市义务教育阶段学科学业质量评价标准》（2014 年获得国家首届普通教育教学成果二等奖）等。相关研究项目的开展及其取得的成果，为实验项目的顺利开展提供了强有力的理论支撑。

二、"阳光评价"的理论基础

（一）多元化评价

多元化学生评价观点主张运用评价发现学生的优势，使多种多样的评价活动成为学生展示自我、积极向上的平台，使每个学生从评价中获得激励，潜能得以充分发挥，充满自信，最大可能地实现自身价值。

1983 年，美国心理学教授霍德华·加德纳（H. Gardner）提出了全新的有关人类智力的理论，他认为每个人至少有七项智能，包括：

· 言语—语言智能（Verbal-linguistic intelligence）

· 音乐—节奏智能（Musical-rhythmic intelligence）

· 数理—逻辑智能（Logical-mathematical intelligence）

· 视觉—空间智能（Visual-spatial intelligence）

· 身体—动觉智能（Bodily-kinesthetic intelligence）

· 交往—交流智能（Interpersonal intelligence）

· 自知—自醒智能（Intrapersonal intelligence）

1996 年又提出了第八种智能，即自然观察者智能。

加德纳认为，各种智力相对独立地有着不同的发展规律并使用不同的符号系统，很难找到适合所有人的统一评价标准。每个人的智力都有独特的表现方式，每一种智力又有多种表现形式。

不同的人在这七种智力上的表现是不同的,每个人都有自己最擅长的智力领域。每个人都有多种智力,这些智力会以不同方式进行组合和运用,以完成不同的任务,解决不同的问题,并且在不同的领域发展。

多元智能理论给"阳光评价"的启示:全体学生都是具有自己的智力特点、学习类型和发展方向的可造之才。每个学生都有独特的智能结构,在学习上会有自己的学习方法、学习风格,教师的责任是挖掘他们身上的智慧潜质,多角度、多侧面地对学生进行评价。

(二) 发展性评价观点

此观点认为:学生处于不断发展和变化的过程之中,教育的意义在于引导和促进学生的发展和完善,评价的根本目的是促进学生的发展,评价的方法、技术、内容、过程等都要为学生的发展服务,不但要通过评价促进学生在原有水平上提高,达到基础教育培养目标的要求,更要发现学生的潜能,发挥学生的特长,了解学生发展中的需求,帮助学生不断认识自我、发展自我、完善自我,建立自信心,不断实现预定的发展目标,为学生的未来发展服务。

评价的着眼点:学生的未来以及学习过程(考虑过去、重视现在、着眼未来)。

评价的主体:多元化,鼓励学生参与其中。

评价的过程:重视个体差异性(个体内差异评价)。

评价的形式:他评与自评相结合,定性与定量相结合;诊断性评价、形成性评价与终结性评价相结合。

评价内容:全面。包括学业成绩、道德品质、心理素质、人际交往、学习兴趣、情感体验等。

评价方法:多样。采用笔试、口试、情景测验、课堂提问、成长记录袋、面谈等多种方法收集评价信息。

发展性学生评价观的特点包括：价值取向的多元化；注重形成性评价；采取差异性评价；以质性评价统整量化评价；评价结果反馈的激励性。发展性学生评价观是"阳光评价"的重要理论基础。

三、"阳光评价"应遵循的基本原则

原则就是观察问题、处理问题的准则，它是人们在实施策略时必须遵守的行为规范。教师在学生评价中想恰当地运用激励理论进行激励性评价，也必须遵循一定的原则。

（一）尊重性原则

因评价对象是学生，所以要以学生为出发点和着眼点，坚持"以生为本"的原则，无论他们处在什么样的年龄阶段，我们都应赋予他们受尊重的权利，这是最起码的人权。同时就其身心发展特点而言，中学生已经有了独立解决问题的思维和能力，他们的自我意识随着年龄增长而不断增强，自尊心也越来越强，我们要把这个阶段的学生当作成人来对待，凡事要考虑他们的感受，尊重他们的意愿。但实际上，许多教师往往做不到这一点。笔者访谈学生时，当问到老师对学生的评价中还存在哪些不足时，有的学生反映："老师的话有时会损伤我们的自尊心，即使是鼓励我们，说的话也比较形式化，感觉很虚假，不真诚。"还有的学生说："老师只看重成绩，成绩不好的学生做什么都是错的，根本不尊重我们，总戴着有色眼镜看人。"

心理学家威廉·詹姆斯说过："在人的所有情绪中，最强烈的莫过于渴望被人重视。"每一个学生内心其实都十分在意别人对自己的态度，中学生尤其渴望得到别人的尊重，希望教师能够客观公正地评价他们。在这种情况下，学生会认为"老师给我指

出的错误确实存在，那么我很愿意去努力改正自己"，但如果教师对学生的评价过于片面，在没搞清问题的情况下就把责任归咎于学生身上，这往往会让学生感到委屈，损伤他们的自尊心，同时也会让他们在自我意识得不到良好调节的情况下产生自暴自弃的想法。学生给出的每一个答案，无论对与错都是积极思考后的劳动成果，内心都很渴望得到教师热情、公正的评价。所以，如果教师不加思索地做"好的、不错"等空洞形式化的鼓励，表面上看是对学生发言的一种肯定，其实是对学生的不尊重，不仅严重挫伤学生的积极性，而且不利于学生学习上的进步。

所以，在实施评价时，教师首先要站在尊重学生的视角，客观、真诚地去评价他们，这不仅能够增加学生对你的信赖感，获得他们对你的尊重，而且也能极大地激发学生的积极性与主动性。马斯洛的需要层次理论中的第四层便是尊重的需要，而中学生在生理需要、安全需要、归属与爱的需要都得到满足的情况下，最需要的便是尊重的需要，当这一层次也得到满足时，才会产生自我实现的动力，向着更高的目标努力。

（二）差异性原则

对于不同的评价对象，我们要实施不同的评价，进行不同的激励，这就需要教师遵循差异性原则。由于每个学生的智力水平、性格特点、知识水平和家庭环境都不同，所以教师在对其进行激励性评价时，就不能千篇一律，要有所区别，根据不同学生的特点，因"生"施评。笔者在访谈学生时了解到，许多学生抱怨说："老师每次说的表扬话都一样，好像全班六十几个人全是一个模子刻出来的。"实际上，学生是非常在意教师的评价的，教师的一句话也可能会改变一个孩子的一生，但一句简单的形式化的"很好""不错，继续努力"绝不可能达到这一效果。

遵循差异性原则，根据学生的年龄特点、个性差异确定不同的评价标准和方案,采取不同的激励方式,真正做到因材施教。笔者在访谈教师时曾听到这样一个案例:这是一位计算机教师,在她教的班级里有一名学生,由于来自农村,从未接触过电脑,所以上课时很吃力。她了解了这个学生的情况之后,每上完一节新课,会单独留一点时间从零开始辅导她,给她设计分层作业,并在她身旁安排一个"小老师"及时给予帮助,课余也经常抽空为她查漏补缺,尽量让她和自己过去的作业比较。看到自己的点滴进步,这位学生很快树立起学好计算机的信心。

(三) 及时性原则

古人常说,"赏不逾时""罚不迁列",就是说赏罚都要及时才会达到最佳的效果。教育评价也是如此,而激励性评价更要遵循这一原则。《学记》有云,"当其可时谓时",意思就是要按照学生的个性特点,选择适当的时机,既不提前,也不延后,而要适时适当,否则激励的效果就会大打折扣。心理学研究表明,及时激励的有效率为80%,而延时激励的有效率只有7%,可见及时激励是很重要的,尤其是学生,年龄越小,越要重视激励性评价的及时性。当一个学生的课堂问题回答得很好时,一定要马上表扬,而不要等到第二天再表扬;当一个成绩不好的学生考试进步了,应该马上表扬并鼓励他,以增加他的自信心。不仅是教师,家长也如此,如果答应孩子完成某件事会给予奖励,那就一定要及时兑现。如果言而无信,迟迟不兑现诺言,那么激励就没有效果了,而且以后的类似激励也会失灵。所以,对学生的激励性评价要及时,要善于抓住激励的时机,平时多观察了解学生,对其闪光点要进行表扬和鼓励,使外界激励与行为之间迅速建立联系,以巩固良好的行为方式,加强思想认识。学生获得荣誉和成功之时,是激励的最佳时机。

（四）针对性原则

在对学生进行评价的过程中，无论是对人还是对事，都要有一定的针对性。根据不同的人的特点给予准确真诚的评价，根据学生所做的不同的事对其进行及时的激励性评价。运用针对性原则，教师首先要了解学生，了解学生的优势与劣势，了解他的发光点在哪里，只有这样，在评价鼓励学生时才更有针对性，从而更有效地促进学生的发展。相反，如果教师总是用形式化的语言，如"你做得很好！""不错！""你真棒！"等笼统、概括的语言去评价学生，就很难起到应有的效果。这不仅得不到学生的认同，教师也没有提出具体明确的改进建议去帮助学生，可以说是一种无效的评价。

访谈学生时，许多学生反映，老师表扬自己时总是那几句话，没新意，也没针对性，感觉自己跟别人都是一样的，听了也不会感到很高兴或是产生什么动力。还有学生说："老师表扬了就跟没表扬一样，大家都司空见惯了，没什么感觉！"可见，教师对学生评价的激励功能的理解仍然停留在机械的套用上。

不真诚的评价当然不能深入人心，中学生已经有了较强的自我意识与分辨事物的能力，教师对他的鼓励是否客观，是否发自内心，他又怎么会感觉不到呢？同时，教师在评价学生的学习时也要有针对性，不能只看结果，还要关注学习的态度与过程，细化评价的内容，激励性评价要有深度和广度，不能只说学生表现好，要把"好"具体说出来，针对性强一些，究竟是学习态度好，还是学习方法或者思维方式好。另外，教师对学生实施激励性评价时，要出于感性和理性的思考，要有真挚的情感，及时发掘学生的闪光点，针对每位学生的特点进行真诚的评价，让学生从心里感受到教师的评价是诚心诚意发自内心的，而不是在走形式，使学生从评价中受到鼓励、增强信心、明确方向。

（五）适当性原则

对学生的激励性评价要适度，过之则不及，要客观全面地评价学生，既不能夸大地表扬或者批评，也不能完全忽视或者小看，要根据学生的具体情况给予适当的评价。

教师对学生进行激励性评价最主要的目的就是促进学生全面发展。激励性评价当然会提高学生学习的积极性，也会让学生在轻松的氛围下开阔思维，从而产生更多更好的想法，但凡事都要适度，表扬或批评过多是不可取的。美国的阿什莉梅里曼和波布朗森合著的一部育儿新作《育儿震撼：关于儿童的新想法》提到，过多的表扬对孩子的成长会产生阻碍作用。美国斯坦福大学一项针对150名本校学生的研究显示，受到过度表扬的学生往往不愿承担风险，不愿付出努力，自我激励少。英国不少学校采取的"凡事必奖"，奖品包括贴纸、糖果乃至购物券，这让学生觉得是一种"贿赂"，学习热情大大降低。这些正是激励不当所造成的。可见，并非所有的激励都是"万能药"，过于泛化甚至夸大的表扬与不经过努力就可得到的称赞必然会淡化激励的功能，也不能激发学生进步。

所以，教师在表扬学生时一定要掌握好"度"，要在适当的时机去奖励或表扬学生。美国著名教育心理学家吉诺特说过："赞美具有摧毁性！赞美具有建设性！"言过其实的赞美具有摧毁性，适度的赞美才具有建设性。可以根据问题的难易程度与学生回答问题的情况以及学生认知水平的高低来决定是否表扬。比如，当大多数学生反复思索都解不出答案时，有一个学生却做出来了，而且方法简单易懂，让大家恍然大悟、心服口服，这时教师在全班同学面前表扬他就很恰当。因为这不仅激励了这位学生，也激励了其他学生。

遵循适当性原则应该做到以下几点：一是不能无功而赏，无过而罚；二是不能功大小赏，过大而小罚；三是不能功小而大赏，过小而大罚；四是激励的数量不宜太多，也不宜太少；五是不能赏过罚功；六是激励适度还要具体情况具体分析，不可机械地进行赏罚。

四、课题研究的目的和意义

本课题的研究在于真正意义上解决学生学业负担问题，把学生从沉重的负担中解脱出来，还给他们一块蔚蓝的天空，丰富素质教育理论与实践，从而推动学生健康与持续发展。其根本是转变教师的观念和学校的评价机制，使教师在能力上提升自己，在教学上多创新、多思考，多创建高效优质的课堂。在课堂中培养学生的创新思维和能力，提升其知识，通过改变教师的教来促进学生的学，从而减轻学生负担。在研究中力求找到一条解决学生学业负担过重并提高教学效率以提高成绩和升学率的方法与途径，同时改变学校的评价制度，保障学生的活动时间。

五、课题研究的设计

（一）研究的目标

（1）教师是学习的组织者和引导者，教师是学生学习和成长的见证者。减轻学生学业负担的关键是提高教师的理论水平，改变教师的教学观念，认真研究教材教法，创建高效课堂、优质课堂，使学生真正能在课堂中达到知识的升华，进而减轻学业负担。评价制度是保障，同时实施阳光评价。

（2）减轻学生学业负担，是素质教育的要求，也是课改的需要，是每位教师都需要深思和实现的目标。整个课题有很强的研究价值和理论积淀。

（3）课题的研究从教师教学的组织策略、备课策略、课堂策略、评价策略,学校的阳光评价制度等方面来关注教学过程、学生的活动等,具有较强的操作性。

(二) 研究的重要内容

(1) 结合我校课堂教学改革,提高课堂教学效率。改革传统的课堂教学结构与方法。传统的课堂教学结构与方法的特点,是以教师为中心,死记硬背,大量的作业练习,满堂灌、注入式教学,要求受教育者按照书本和教育者的意图去理解所学习的知识,强调思维的求同性。学生是接收与考试机器。这种教学结构与方法特点必然造成学生课业负担过重。我们通过培训转变教师的教学理念,提高教师的专业素质和理论水平。教师应深入研究教材,研究教法,创建一系列不同课型的课堂教学模式,做到高效课、优质课进入课堂,以课堂为抓手,提高学生成绩,进而减轻学生负担。

(2) 科学布置作业,采取"三化"(多样化、量化、典型化)策略。中学生之所以负担过重,是因为部分教师缺乏教育科研素养,导致"满堂灌""题海大战",教学方法陈旧,课堂教学效率低,造成学生大量时间与精力的浪费。譬如,一个生字写多少遍效果最佳?很少有老师研究。让学生掌握一个公式、一个定理,做多少道题最佳?它应有一个最佳量。教师掌握了这个量,既减轻了学生的课业负担,又保证了学生考试成绩的提高。我们将在这方面做深入探索。

作业多样化:科学布置作业要因人而异,有针对性地分层布置。对学习后进生要布置一些基础题,对中等生布置一些综合题,对优秀的学生布置一些创造型题。

作业典型化:布置练习题要精选典型题,使之能够达到举一反三、触类旁通的作用。

作业科学量化:量化习题数量,针对学生实际布置一定数量的习题，使之能够在预定的时间内完成，每天的作业量不超过1.5小时。这样有利于学生全面发展，并有利于减负。

布置作业采取"三化"策略，将使学生在较少的时间内完成当天的学习任务，养成今日事，今日毕的好习惯，这样充分减轻了学生的课业负担，也充分体现了尊重学生主体、面向全体的办学思想。

（3）重视音乐、体育、美术、综合实践课、活动性课程，让学生健心健身。对于身心不健康的学生，一天学习5小时就感到负担过重；而身心健康的学生，一天学习10小时也不会感到课业负担过重。所以，初中教育要重视提高学生的身心健康水平。提高学生身心健康水平，较有效的办法就是重视音乐、体育、美术、综合实践、活动性课程，使学生身心愉悦，精神快乐，这也是减负行之有效的手段。

（4）开展心理健康教育，借此减负。开展好中学心理健康教育，心理减压技术与考试焦虑调节方法都是减轻学生心理负担与压力的好办法。

（5）建立完善的制约机制，制定阳光评价学业负担状况评价指标，包含阳光评价之课堂教学评价及学生评价制度，减轻中学生课业负担。进一步强化对教师的管理，加强检查监督。

（三）研究的时间和对象

（1）学校七、八、九年级的学生。
（2）本校在职教师。

（四）研究的主要方法和手段

研究本课题主要将采用以下四种方法。

（1）文献研究法：组织教师学习本课题研究的国内外现状和理论知识，以及其他研究者的分析研究，提高实验教师的理论素养，使我们的研究建立在坚实先进的理论基础之上。

（2）个案研究法：对有代表性的班级及教师做跟踪研究，凸显个性特色，形成个案研究报告。

（3）行动研究法：根据问题—设计—行动—观察—反思的步骤，对一些材料进行整理，概括出行动与目标的关系，再通过课题组集体研讨、观摩教学，研究调查解决学生课业负担过重中存在的结构问题：一是转变教学观念，提高教师素质；二是为"减负"创造良好环境；三是优化教学过程，提高教学效率；四是树立终身学习的教学观念；五是减轻学生课业负担，全面提高质量；六是构建立体校园文化，注重环境育人。

（4）经验总结法：在大量实验研究的基础上，积累丰富的第一手资料，按研究内容形成各学科的研究报告及学校总课题研究报告。

（五）研究步骤

本课题的研究共分三个阶段。

1. 课题准备阶段：2015 年 11 月—2017 年 9 月

（1）召开课题组会议，完成课题研究方案的制订、申报工作。

（2）确定课题组成员及分工，进行理论资料的准备、调查分析、收集，起草"课题实施方案"及实施执行计划。

（3）制订中学生学业负担产生的原因调查问卷。

（4）对调查问卷进行统计分析。

（5）搜集资料，向专家咨询，对课题研究进行深入思考。

（6）写开题报告，起草课题实施方案及实施计划。

（7）进一步征求专家意见，修改方案，对方案进行论证。

2. 实验研究实施阶段：2017 年 9 月—2018 年 10 月

（1）通过问卷数据统计、分析，家访，与学生谈话，与教师、领导交流，分析初中学生课业负担过重产生的原因。

（2）通过定期召开课题组成员会，研讨探究，如何精选例题，筛选有效作业、控制作业量的方法与策略，与数学教师一起实施、验证、总结。

（3）研究对策：针对中学生课业负担过重产生的原因，制定相应的策略。

（4）实践与理论相结合：运用赏识教育、成功教育和新课程教学理念的理论指导教师转变角色，向课堂40分钟求效率，同时研究总结出一条适合本校实际的理论与方法。

3. 实验总结阶段：2018年11月—2019年1月

（1）对本课题的研究过程及资料进行整理、归纳、总结、分析，撰写研究报告，完成课题研究成果的编汇工作。

（2）召开课题总结会，做好成果的价值宣传。

（3）撰写结题报告，申报结题。

六、成果的研究过程及对策建议

（一）结合我校课堂教学改革，采用数学分层走班教学，提高课堂教学效率

（1）分层走班教学体现了以人为本，兼顾了各个层次学生的学习情况，最大限度地调动了学生的学习积极性，有利于每个学生最大限度地发展。

（2）分层走班教学是以给学生成功的回报来正向激励学生，对不同层次的学生评价有所区别。对于C组学生的点滴进步，应采用激励评价，鼓励他们努力向高一层次发展，而对于A组学生所取得的进步，采用竞争评价，高标准，严要求，促使他们努力奋进，从而使每个学生都能从学习中尝到成功的喜悦，增强学生的自信心。

(3) 分层走班教学能提高教师的教学水平。分层走班教学的发展方向就是课堂教学中要以精彩的内容来吸引人。这就要求教师不仅要精心备课，而且要深入学生中间去了解学生，发现问题，解决问题，并加强自身的再学习。

(4) 分层走班教学能融洽师生关系。由于分层走班教学要求教师根据不同层次的学生采取不同的教学方式，因此教师要及时关注学生，了解学生，这样能增进师生之间的相互了解与信任。

(5) 构建分层走班教学的基本模式。通过课题的研究，我们摸索出如何进行学生分层、教学目标分层、教学方法分层、作业分层、辅导分层的操作方法，减轻了学生的学业负担。

(6) 分层考查。每份数学试卷都包括基本题、提高题和深化题三大类。基本题是面向全体学生设计的；提高题是学困生选做，中等生和优生必做的；深化题是中等生选做、优生必做的。三类题的比例是：基本题占85%，提高题占10%，深化题占5%。

(7) 分层评价。对学习有困难、自卑感强的学生，要多给予表扬，寻找其闪光点，及时肯定他们的点滴进步，使他们看到希望，逐渐消除自卑；对成绩一般的学生，采用激励评价，既指出不足，又指明努力方向，促使他们不甘落后，积极向上；对成绩好、自信心强的学生，采用竞争评价，坚持高标准、严要求，促使他们更加严谨、谦虚，更加努力拼搏。

(二) 科学布置作业，采取"三化"（多样化、量化、典型化）策略

通过研究我们发现，练习题量的多少并不与学习成绩成正比，如果学生内心反感，无论做多少练习题都是无用的。教师应该想到，学生是有很多知识需要学习的，并不只有你的这一门学

科。实际上，教师布置的作业中有许多是机械重复的，做多了学生会失去兴趣，产生反感心理，反而影响他们正常掌握知识。其突出表现在原来成绩好的失去积极性，学习中等的变差，学习差的更差。换句话说，肥的拖瘦，瘦的拖死。因此，我们规定各科的作业量，应分层分类布置。

（三）重视音乐、体育、美术、综合实践、活动性课程，让学生健心健身

（1）认真执行国家课程标准，开全开足每周课时，确保上课质量。

（2）开展一小时体育课外活动。坚持开展冬季长跑活动，每天长跑距离不少于1000米，每天以班级为单位组织学生完成跑步里程。

（3）每年召开一次秋季运动会，并因地制宜地开展阳光体育活动，以及以班级为单位的学生体育活动与竞赛，做到人人有项目、人人有器械、班级有活动、年级有特色。

（4）让学生在各项竞赛中展现自己的才能。我校每年都要开展形式多样的趣味运动会、班级足球联赛等，其主要目的是面向全体学生，让他们感受自身的价值，树立自信心，感受体育给他们带来的欢乐，从而增强他们的集体主义精神和团结合作精神。在活动的时间安排上，基本上做到每学期有活动，并且在竞赛内容上有新意，激发学生的兴趣，使学生的参与率达到100%。

（5）开展体育第二课堂，组建田径、足球、篮球、跆拳道等运动队。我校是广州市足球推广学校，也是全国足球特色学校，聘请了专职的足球教练进行校队训练，每年和足球俱乐部联办足球嘉年华活动，举行7人制、4人制男、女子班级足球联赛。

(6) 美育活动融入活动，活跃校园。我校将与德育活动进行有效融合，将美育融于学校的各项工作中，提升活动的品位。紧抓某些传统节日的契机举办庆祝活动，在活动中融入绘画、书法、手工制作和插花等美育元素。如中秋节举办手工环保灯笼制作大赛，禁毒月举办禁毒漫画大赛和禁毒标语书法大赛等，融德育、美育于一体，让学生在感受传统文化熏陶、道德素质洗礼的同时，经历创美、赏美、悟美的过程。

(7) 搭建平台，展示风采。我校每年定期举办艺术节，为师生提供展示艺术成果的舞台，让每一位学生都有参与的机会，让每一位有艺术才能的学生都有表现的平台。在浓郁的艺术氛围中，让学生尽展才华、尽情发挥，放飞自己的梦想。

(8) 特色课程，个性发展。为保障每位学生都有一项艺术专长，我校以全面铺开和特色发展相结合的方式，培养学生的艺术兴趣，激发学生的艺术潜能，让学生得到个性化的发展。每周开设一节书法课和阅读课，让每一位学生都有机会参与艺术活动，在艺术领域得到不同的发展。周三下午以走班的形式开设了绘画、书法、竖笛、3D打印、电脑绘画、象棋和舞蹈等特色课程，让所有学生都可以根据自己的兴趣爱好选择自己喜爱的艺术课程，使学生的专长得到更好的发展。

(四) 开展心理健康教育，借此减负

开展好中学心理健康教育，心理减压技术和考试焦虑调节方法都是减轻学生心理负担与压力的好办法。

(1) 建立心理咨询室，定期开放咨询。日常心理咨询时间是：周一至周五13：25—14：10，由我校A证教师李静好负责接待学生；每周二下午16：00—17：30，由我校A证教师李静好和广州市白云恒福社会工作服务社派的心理咨询师喻亚林开展心理辅导、心理咨询等工作。

（2）定期开展心理健康活动课。班主任每月组织学生利用班会课时间开展一次心理健康教育活动。每两周七年级各班还会由李静好专门上一节心理健康教育课。

（3）以学校与社区合作的方式，借助社区心理健康服务资源，整合校内外的优势资源，推进学校心理健康服务建设。从2016年开始，我校与广州市白云恒福社会工作服务社的嘉禾街家庭综合服务中心建立合作关系，并签署合作协议，中心定期安排青少年服务组工作人员和义工到学校开展心理健康个案辅导、团队活动、讲座、亲子活动等。

（五）制定阳光评价学业负担状况评价指标

建立完善的制约机制，制定阳光评价学业负担状况评价指标，包含阳光评价之课堂教学评价及学生评价制度，减轻中学生课业负担。进一步强化对教师的管理，加强检查监督。

（六）减轻学生学业负担的具体措施

学生学业负担过重是当今社会普遍关注的热点问题，是关系到老百姓千家万户的一项系统工程。为切实加强和改进未成年人思想道德建设，减轻学生学业负担，打造阳光学校，引导学生追求积极的人生意义，探索"负担不重，质量较高"的教育规律，将我校建设为优质学校，特制定本措施。

（1）严格控制学生一日在校学习时间。

①严格作息时间。全体学生必须按照市统一作息时间表上课、放学，无论什么事，什么情况，班主任都不得随意提前学生早晨到校的时间，更不能随意延长学生放学的时间。

②严禁利用学生中午休息时间和放学后时间补课，要努力提高课堂40分钟效益。

(2）严格控制作业总量。

①严格按照学校规定布置作业。周六、周日、节假日不得加大作业量。作业布置要有目的性、针对性、趣味性和活动性，实现师生"同心、同行、同乐"。

②做到"五留五不留"，即留层次型作业、留自主型作业、留实践型作业、留创编型作业、留养成型作业，不留超时超量作业、不留节日作业、不留机械重复性作业、不留惩罚性作业。

③积极推进作业批改的改革。在考虑针对不同学生智能特征布置不同形式作业的同时，也应考虑针对不同学生的智能情况实施不同的评价方式，使学生完成作业和教师批改作业转变为师生间平等互动对话交流的人文活动。教师要带着微笑，欣赏学生的作业；带着平等，架起师生心灵的桥梁。

（3）加强对各类在学习上有困难的学生管理。

①给予各类在学习上有困难的学生更多的关心，建立学困生一帮一教制度。

②建立各类在学习上有困难的学生档案。

（4）严格落实课程计划。严格按照学校的课程表上课，不准随意调课，如确须调课，得提前到教导处登记，并提前通知学生做好准备。要求学生每天只带当天的课本及学习用具，减轻学生书包过重的负担，班内课程表让每个学生都知道，以便随时查看每天的课程情况。

（5）积极组织开展丰富多彩的教育活动。以校园为阵地，积极组织开展教育性、趣味性、实践性较强的社团活动，丰富学生的课余生活。

（6）进一步深化广州市"阳光评价"制度改革，积极探索发展性教师评价制度和发展性学生评价制度。不按照考试成绩排队。

七、研究结果与成效

（1）本课题立足校本，开发了6套数学导学案并且印发给七、八、九年级学生上常态课使用。本课题成果形成了一套行之有效的方式与方法，具有实操性强、实效性强的特点。这些成果可借鉴性强，对于转变当前城乡接合部学生的学习兴趣习惯，激发学生自我学习有重要意义，最大限度地提高学生的思想品位，形成学校新的办学特色。

（2）通过对课题的研究，课题组全体教师在理论水平和业务能力方面有了较大的提高。分层走班教学的发展方向，就是课堂教学上要以精彩的内容来吸引人。这就要求教师不仅要精心备课，而且要深入学生中间去了解情况，发现问题，解决问题，并加强自身的再学习。通过分层走班教学，学生获得了学习的成就感，我校在白云区教育局抽查测评中名列前茅，社会声誉不断提高。

（3）培养了教师的教育科研意识。在本次研究过程中，我们牢固树立校本研究的思想，本着从教学工作的实际问题出发，以解决实际问题为宗旨，让教师从研究中尝到了甜头，有利于今后真正做到教与研的有机结合。

（4）学生的学业负担减轻了，学生的身心就更加健康了，学生热爱学校，真正体现了我校成长教育的办学特色。

（5）在实施课题研究的过程中，我校学生的综合素质得到了较好的提升。其中，在省、市、区各类竞赛中获奖等级和获奖比例不少，指标成效显著。近三年来，学生品行端正，行为规范合格率达100%，在校违法犯罪率为零。学生学科成绩逐年提高，九年级中考各项指标一直保持在全区公办中学领先水平。

（6）学校得到了发展。课题实施以来，学校以"办人民满意的教育"为宗旨，坚持走内涵发展之路。近年来，学校先后被评为"白云区教学质量先进单位"等荣誉称号,足球、书法、醒狮等成为学校的特色项目。

八、存在的问题及设想

本课题具有很强的实践性,但教师作为课堂教学的实施者,如果认识水平和教学水平不高,教学方法不得当,会造成课堂教学效率不高和学生学业过重负担。因此,教师要树立正确的育人观和成才观,不以升学率为主要成绩,不以分数为指挥棒。学校将进一步研究"阳光评价"的指标,减轻学生学业负担,促进学生全面发展。所以,教师更应加强理论学习,转变传统教学观念,思想跟上社会发展的步伐,树立现代课堂教学观念。

参考文献

[1] 叶澜. 教师角色与教师发展新探[M]. 北京:教育科学出版社,2001.

[2] 莫雷. 教育心理学[M]. 北京:教育科学出版社,2007.

[3] 布和. 学生课业负担过重的社会学分析[J]. 内蒙古师范大学学报(教育科学版),2002(6):19-20.

[4] 常兴红. 改变教学方法减轻课业负担[J]. 青海教育,2003(11):40.

[5] 应湘,向祖强. 教师专业发展与学生成长[M]. 广州:暨南大学出版社,2007.

[6] 高慎英,刘良华. 有效教学论[M]. 广州:广东教育出版社,2004.

[7] 陈传锋,陈文辉,董国军. 当代中学生的学习生活与课业负担[M]. 北京:北京师范大学出版社,2011.

[8] 孙刘华. 阳光评价:激扬思想品德生命课堂全过程[J]. 现代中小学教育,2015(11):20-22.

［9］"阳光评价"专栏征稿启事［J］．教育导刊，2015（10）：96．
［10］孟威．评价体系视域下的中学阳光体育运动开展研究［J］．当代体育科技，2015（21）：83，85．
［11］胡志桥，张海新．深入研讨　扎实推进：广州市中小学教育质量阳光评价实验项目研讨会综述［J］．教育导刊，2015（6）：95－96．
［12］文海林，田夏．高校"阳光体育"心理效益评价体系框架研究［J］．湖南科技学院学报，2015（5）：180－182．
［13］杨建亭．打造"阳光少年"评价体系的实践［J］．教学与管理，2015（11）：5－6．
［14］卢毅．中学阳光体育运动开展的评价体系研究［J］．运动，2015（6）：8－9．
［15］陈怀凤．小学生"阳光"评价的现状与跟进对策［J］．教育实践与研究：小学版（A），2014（11）：17－19．
［16］吕妙芬．阳光评价　让数学课堂充满活力［J］．科学咨询（教育科研），2013（3）：72－73．

附录：

数学走班教学心得

嘉禾中学　何小情

为了更好地做到"因材施教"，使不同基础水平的学生在每节课里都体验到学有所成，增强学习信心，收获更好的学习效果，学校实行了数学分层走班教学。我负责的是九年级冲刺班（中下层水平）学生。经过这一学期多的分层教学，体会颇多。

中下层学生知识基础和智力水平一般，较少部分学生学习比较自觉，作业认真完成，大部分学生能够课上认真听讲，跟着老师走，但课后作业应付了事，对错题、不会做的题置之不理。还有一部分学生课堂学习很被动，课后作业随心写一点，这个层次的学生大多数是课后作业的态度决定着成绩进步的快慢。对于这层次的学生，分层课主要的教学目标定为巩固基础知识和规范解题这两方面，让学生在课堂中找到学习的信心和乐趣，变被动学习为主动学习。一般会利用课上尽量完成教学任务，少留作业，选取简单题让其课下巩固练习。作业上交批改后，若问题多的，在下节课的课前讲解，对于个别错误，再进行单独辅导。不过，由于每个班的学生都涉及了，学生能利用的课余时间很少，学生的课后辅导还需要原班老师帮忙一起辅导。

在"走班制"模式下，学生的交往范围从原来的一个班级扩大到全年级的学生之间的交流，同学之间的相互影响加大，这种相互影响虽能增强学生的竞争意识，但由于中下层学生之间不良学习习惯、态度等方面影响也很大，这对教师的课堂驾驭能力要求更高。各班都有分层班的组长，在中下层次的班级中，这些组长大部分是原班的普通学生，平日对班干或课代表工作就不熟悉，经过上课老师潜心培养后，这些组长的带头作用或监督作用会对整个班级起一个很好的表率作用。

走班教学给老师的工作带来了压力和动力，在经过一个多学期的尝试，各层次的学生学习积极性都有提高，成绩已经有很大进步，因此，走班教学还是值得开展的。

数学走班制之"火箭班"教学心得体会

嘉禾中学　庞子柱

我所在的学校是一所城乡接合部的初级中学，学生的来源主要是本地村民和一些外来务工的子弟，学生的基础差异很大。由于实行的平行编班，每个班参差不齐，常存在一部分学生吃不饱，一部分学生跟不上的情况。为了解决这个问题，上一个学年在初一级实验了数学走班制教学取得了良好效果后，在2018—2019学年，初三也实行了数学走班制教学模式，而我负责的是基础最好的"火箭班"的教学任务。

由于我是初三开始才在这一级开始教学，所以我对本届学生一无所知，只知道"火箭班"的学生是在综合分析了初一初二的历次考试成绩而组成的教学班。在开始阶段，我尽量不改变原来的教学模式，在课堂上多了解学生的实际情况，发现在本教学班中，基础差异依然存在，但差距明显缩小了。在这样的情况下，在课堂上，我提高课堂效率，力争在课堂上基础尽快过关，在教学内容上，增加一些常见的、较难的练习让学生去练习，重点在于引导学生根据题目的已知条件和要求的结论，去思考和论证。在时间允许的情况下，我会补充一些较难的，但很有代表性意义的题目去让学生思考，引导他们举一反三地去学习一类题，而不是机械地去解一道题。在作业上，利用好"菁优网"的题库，精选题目，认真按学生情况设置作业题目的难度梯度，在作业数量不增加的情况下,增加一些符合本班学生情况的练习题。

在没有走班前,因为学校的实际情况,所有学生的教学只能以基础为主,这样的话,基础好的学生提高的空间容易受到限制。在走班制下,基础较好的学生要学习的知识难度,不再受到以前的限制,学习再也不会以重复训练基础知识为主,学习的内容也更符合他们的实际能力。对于这类学生来说,枯燥的重复练习少了,学习的挑战性更大了,学习的知识面更广了,学习的积极性也有了一定的提高,这对于提高他们的数学综合解题能力会有好处。

走班制对于老师来说,在备课上可以专注于基本上处于同一层次的学生,这对备课来说,更容易但也提出了更高的要求。我们有更多的时间去思考,什么样的训练才是更符合本班学生?什么样的练习才是本班学生最需要的?在教学中,我根据学生的课堂中和课后作业的表现,来适当调整自己的教学计划和作业布置,我每天的作业都是从"菁优网"精选而成,作为课堂教学的一个有益补充,避免大量重复的无效练习,提高自己的教学效果和学生的学习效率。

走班制教学在本校,对老师、对学生而言,都是一个新生的事物,需要老师和学生共同地去学习、去探讨,不断积累经验和教训,才能更好地实施下去。

我爱数学课

嘉禾中学初二(5)班　黎涵媛

我是嘉禾中学初二五班奋进班的学生黎涵媛。分班计划是初一下学期开始实行的。经过三个学期的分班学习,我的数学成绩有了很大的变化。还记得未分班时我的数学期末成绩是69分,成绩显然不是很理想。分班之后我的每一次小测和每一次考试都有明显的变化，我还有大大提升的空间。

奋进班的那种学习氛围、学习状态以及那种刨根问底的精神感染并影响着我。在奋进班里，我们都是同水平的学生，每当有不懂的问题，我们都会发表自己不同的观点，然后找出最具有说服力和正确的方法去解决问题。当我们都被问题难住而又摸不清思路的时候，老师就会以适当的速度帮助我们一点一点地去寻找思路和解决问题的出口。因此，在一次数学期末考试中我尽最大的努力考出了最好的成绩——87分（是我最满意的一次成绩）。我们的老师是一位十分严厉的教师，但他的严厉是出于对我们学习的严格，"严师出高徒"嘛！

分班培养、教书育人就和种花木一样，首先要认识花木的特点，区别不同的情况给以施肥、浇水和培育。这就是"因材施教"。所以，分班教学对于我来说收获与影响很大！

"绿善教育"特色课程的开发与实践研究结题报告

广州市第一一五中学 谭家在

一、课题提出的背景

(1) 义务教育阶段学校特色发展是国家明确提出的要求。《国家中长期教育改革和发展规划纲要(2010—2020年)》(以下简称《纲要》)就明确提出:"树立以提高质量为核心的教育发展观,注重教育内涵发展,鼓励学校办出特色、办出水平,出名师,育英才。"《教育部关于推进中小学教育质量综合评价改革的意见》(教基二〔2013〕2号)也明确提出:"推动中小学提高教育教学质量、办出特色。"学校所在的行政区白云区教育局也在推广"一校一品"计划,大力打造学校特色。由此可见,通过学校特色培养出全面发展又具有个性的人才,已成为当前义务教育改革与发展的必然趋势。基于以上情况,本课题将通过开发与实践"绿色教育"特色课程,进一步深化素质教育内涵,形成具有特色的学校教育。

(2) 义务教育阶段学校特色发展是学校特色文化建设与学校内涵发展的需要。为落实《纲要》精神,促进学校优质发展,学校开展了系列特色教育的创建工作。学校利用得天独厚的自然风景条件(位于广州市帽峰山森林公园南麓,背依和龙水库,西南方是著名的白云山风景区,正南方有火炉山森林公园,东南方是天鹿湖森林公园),精心打造了以绿色为主题的校园育人环境,把学校建设成园林式的育人场所。学校于2001年被评为"广州市绿色学校",2003年明确提出了"以绿色为主题,以环保活动项目为载体的"环境教育。2013年，在全市创建特色学校浪潮的推动下，学校结合和平、发展、环境三大主题的世界发展潮流及新课标下课堂教学改革方向，提炼出"绿色和谐，持续发展"的学校办学核心理念，构建了根植于"尚绿"精神的办学思想体系，形成了学校的特色文化——绿色文化；学校于2017年10月被评为"广州市白云区特色学校"。为了使特色文化有更多的载体，学校已经开发一些相关的校本课程，如《环保科普知识》（第一册）、《环保科普知识》（第二册）、《花卉栽培知识》（全一册）、《115中学特色文化标识篇》及供第二社团课使用的活动课程等，但课程还不成体系。

二、课题核心概念的界定

（1）"绿善教育特色课程的开发与实践研究"课题是我校为落实"绿色文化"这个特色而提出的，"善绿"源于校训"尚绿、启智、立善"，"绿"蕴含"生命、低碳环保、积极向上、健康、和谐、可持续发展"等之意；"尚绿"意为崇尚"绿"的精神，蕴含115中人追求积极向上、健康的精神，追求人与自然和谐、人与人和谐、人与事和谐，追求遵循教育规律培养可持续发展人才的理念，推崇的是生态教育观；"善"本义有"完好、圆满、共同满足、慎重"之意，具有深刻的伦理学、哲学和佛学内涵，古语云"知善致善，是为上善"，我们追求的"善"，含有"至善至美"之意，推崇的是品德教育。"绿善"蕴含我校借绿色文化这个特色载体，营造绿色和谐的育人环境，利用可持续发展的育人方式，开启学生的智慧，为培养至善至美的人才奠定基础。"绿善教育"特色课程，就是针对上述内涵结合学校实际而开发的特色课程；我们研究把生态教育与品德教育融合在一起，创新育人形式，提升育人效果。

（2）学校对这个课题中的"生态教育"早有涉及，早在

2003年就开始研究，但没有形成体系；2013年起，因学校打造特色得以加强，目前，学校已经开发一些与生态教育有关的课程，如《环境专修》（一、二、三）、《学校文化标识篇》等，但课程比较单一，没有形成规范化、系列化，对"绿"的内涵挖掘不够，与品德教育的功能结合不够紧密。学校要特色发展，就必须挖掘整合各种有利资源，形成具有学校特色的校本课程系列，从而实现《纲要》的目标。在前期研究的基础上，我们将开展"绿善教育"特色课程开发与实施的研究，一方面是开发一些新课程，另一方面是对特色课程的实践过程及效果进行研究。

三、课题国内外研究现状

研究中国知网，以"学校文化"为篇名进行检索，共有14030篇文献，其中，博硕士文献2284篇，与期刊有关的文献5014篇。研究表明，自21世纪开始，国内外学校对学校文化方面的研究已成为热点，2013—2014年间，其研究达到高峰。虽然近几年相关研究有所减弱，但是其研究文献仍然保持在较高数量，如2017年发表的有关学校文化的文献就有1213篇。从主题看，与教育相关的文化是研究的热点，具体而言，对学校与文化的关系，如学校文化发展研究、教师文化研究、学生文化研究、课程文化研究等比较普遍且深入，而对"绿色文化"研究不多，知网检索，相关研究文献只有62篇。基于"绿色文化"视野的"绿善教育"，以"绿善教育"为关键词进行检索，结果显示理论研究文献为零，文献研究的这些成果对本研究提供了有益的参考和借鉴。

四、选题的目的和意义

目前，学校育人的方式较为单一，效果较难实现，本课题研究是把生态教育和品德教育融为一体，开发相关的生态与品德课程，有助于丰富育人方式、提升育人效果，有助于学术性教师群体的培养，有助于学校校本课程体系建设，有助于学校品牌提升，并通过本课题的实践研究，总结出实践"绿善教育"特色课程的有效策略，为其他学校的文化与特色课程研究提供借鉴。

五、课题研究目标

（1）贯彻学校"绿色和谐，持续发展"核心理念，探索可评价、可推广的"绿善教育"课程体系，开发与实践部分"绿善教育"课程，提高教师学术能力，培养学术性教师群体。

（2）丰富学校育人方式，提升育人效果，为培养学生热爱生活、可持续发展及至善至美的品格奠定基础。

（3）提炼实践特色课程的开发及实践策略，为其他学校的特色课程开发提供借鉴。

六、课题研究内容

（1）研究课程理论体系：研究"绿善教育"的概念、属性、特征、理论范式。

（2）研究"绿善教育"课程指南：研究特色课程目标体系，探索构建特色课程的内容体系。

（3）编写"绿善教育"校本课程：编写部分校本教材（读本）。

（4）研究"绿善教育"特色课程的操作体系：研究特色课程具体的实施模式和评价模式。

（5）研究"绿善教育"与师生发展、学校发展的关系：研究特色课程与教师专业化成长的关系、与学生全面发展个性发展的关系、与学校品牌发展的关系。

七、课题研究假设

1. 研究思路

本课题通过调查学校及学生需求，研究绿善教育课程体系，开发与实践绿善教育课程，探索课程实践有效策略，研究开发课程对学生、老师、学校品牌的影响。

2. 研究方法

本课题以行动研究法为主，包括文献研究法、调查法、案例研究法、经验总结法等。

（1）行动研究法：这是本课题开展研究最主要的方法，调查学校学生需要，构建课程体系，开发课程，实践课程，提炼实践课程策略，研究课程与师生及学校发展的关系。同时边研究边实践，在实践中摸索总结提升。

（2）文献研究法：学习国内外教育教学理论，分类阅读有关文献，包含文字、图形、符号、声频、视频等，特别是对近几年来有关学校文化建设、课程建设等方面的文献资料、研究成果进行系统归纳比较，筛选出有效的经验，为本课题的研究提供借鉴，帮助研究工作顺利展开。

（3）调查研究法：以当前的师生为基础，通过座谈会、问卷、测试、专访等方式进行调查分析，写好调查报告，揭示现状，分析原因，提出对策。

（4）案例研究法：选取典型案例进行研究，分析能够反映某些内在规律的教学思想及有效策略。

此外，我们还采用实验研究、经验总结法等。

3. 研究路线

课题以实践为研究的出发点和归宿，依照行动研究的策略，通过"构建理论体系—建构模式—行动研究—探索总结"的研究路径，探索"绿善教育"特色课程开发与实施的研究。

（1）准备阶段（2018年4—9月）：

①成立课题研究小组，确定课题研究成员，明确各自分工；

②对课题成员以讲座、集中学习、自学等形式进行培训，提高研究能力，为下一步行动研究奠定基础；

③课题组成员修改、完善、确定课题研究方案；

④请课题组专家论证指导，正式开题。

（2）具体实施阶段（2018年9月—2019年7月）：

①全面开展"绿善教育"特色课程开发及实施行动研究；

②定期组织研究成员进行活动，广泛听取研究方面的建议；

③组织研究教师参加各类培训及交流学习；

④课题组根据论证后的研究计划和实施方案，边学习，边实践，对其中出现的问题及时调整，并优化策略；

⑤通过文献研究和现状分析，研究课程体系、目标体系、评价体系，开发和实践部分课程，并在实践中完善，在实践中提炼有效的实践策略；

⑥积累有关数据及文献资料，初步形成阶段性成果。

（3）总结阶段（2019年8—12月）：

①梳理研究方法，搜集研究过程中的困惑以及研究过程中暴露出来的新问题，进一步完善方案；

②对照研究方案进行全程总结，组织课题组成员全面整理资料，提炼研究成果，汇编研究论文集，总结课题研究得失，等等。

③对研究中积累的有关调查资料、数据、文献、案例资料等进行认真分析、总结、提炼，完成研究报告。

④整理完善科研资料，召开结题会议，请专家进行成果验收、结题。

八、课题研究的实施过程

本课题为教育政策研究课题,为确保研究扎实有效推进,一是要加强理论学习,提高研究者的理论水平和研究能力;二是要加强理论指导实践,边实践边研究,在实践中完善、提升,充实理论,完善成果。

(一) 完善课题研究方案

开题时,教育研究院的专家对课题进行了精心的指导,提出了很多有益的建议。开题后,课题组的成员认真整理专家意见,认真研究课题方案,对课题的研究目标、研究内容、研究思路等进行梳理和修改。

一是梳理"绿善教育特色课程的开发与实践研究"中"绿"与"善"之间的逻辑关系,学校的核心理念是"绿色和谐,持续发展",教育理念是"以生为本,向导与服务并重",育人目标是"可持续发展理念,借绿色文化特色,开启学生智慧,培养至善至美的合格人才"。因此,课题研究中的"绿"是生态育人方式,"善"为本质,追求的是"生命之善、生态之善、生存之善",并将"善"与学生核心素养相融合,通过建构和实施特色的校本课程(含活动课程),促进学生敬畏自然、和谐发展,达到培养出"至善至美"人才的目的。

二是将课程内容、体系、目标、"绿"的思想渗透到"善"的德育行为中,丰富德育内容,创新育人手段,提升育人效果。

三是认真研究校本课程与拓展课程相融合、实践活动及育人方式相融合,认真研究学校"善"人才培养体系、课程整体体系与每一门课程体系的逻辑关系。

四是调整研究内容,将"贯彻学校'绿色和谐,持续发展'核心理念,构建可评价、可推广的'绿善教育'课程体系,开发与实践'绿善教育'课程，提高教师学术能力，培养学术性教师群体"修改为"贯彻学校'绿色和谐，持续发展'核心理念，探索可评价、可推广的'绿善教育'课程体系，开发与实践部分'绿善教育'课程（校本读本），促进提高教师学术能力，培养学术性教师群体"。

五是将"（1）研究课程理论体系：构建'绿善教育'的概念、属性、特征、理论范式。（2）构建'绿善教育'课程指南：构建特色课程目标体系，探索构建特色课程的内容体系。（3）编写'绿善教育'校本课程：编写校本教材。（4）构建'绿善教育'特色课程的操作体系：构建特色课程具体的实施模式和评价模式。（5）构建'绿善教育'与师生发展、学校发展的关系：构建特色课程与教师专业化成长的关系、与学生全面发展个性发展的关系、与学校品牌发展的关系"中第（1）（2）（4）（5）点中的"构建"改为"研究"，第（3）点中的"编写校本教材"改为"编写部分校本教材（读本）"。

六是调整研究思路，将研究重点放在"绿善教育"特色课程的开发与实践上，重点研究开发课程内容、目标、体系，"绿"的思想如何渗透到"善"的行为中；完善研究方案后，研究更切合实际，更有利于研究开展。

（二）积极组织课题研究培训

本课题是政策性研究，也是行动研究，主要目的是通过培训学习提高研究者开发校本特色课程及实践课程能力，为此，课题组十分重视课题成员的学习培训。开题至今，课题组培训学习没有停止过，培训形式多样：一是组织研究人员集中学习，定时定点，每月一次，系统学习各种理论知识，积极开展心得交流；二是组织研究人员参加各类培训，开题至今，课题组成员参加广州市教育研究院组织的课题研究培训2次，参加白云区教育发展中心组织的课题研究培训 3 次，参加学校各类培训 10 多次；三是组织课题组成员自学，课题组推荐书目有《课题研究方案设计》《教师如何做课题》《教育中的构建主义》《教育科学研究方法》《校本行动研究》《教育研究方法论探索》《中小学校园物质文化建设的研究》《校本课程论：发展与创新》等，并定期开展学习交流活动。扎实有效的学习培训，提升了课题组成员的理论水平和研究能力，有效推动了课题研究。

（三）积极开展课题调研活动

本课题的研究，必须建立在课题调研基础上，课题组从学校实际情况，认真研究学校核心办学理念"绿色和谐，持续发展"中"绿色"内涵和善之间的逻辑关系：绿色低碳环保、可持续，意味着良好的人文生态，象征生命，学校基于"尚绿"精神提炼了绿色文化，构建了办学思想体系，提炼了学校的办学目标、育人目标、校训、校风、教风、学风等，建设了独特的有绿色内涵的校园建筑，并赋予有绿色内涵的命名，设计了有绿色内涵的校歌、校旗、校徽，并设计了与此相关的"广州市第一一五中学绿色行动指引"系列特色活动，并拟建设相适应的校本特色课程，通过营造绿色文化，开启学生智慧，促进学生成长，为热爱生活、具有可持续发展能力、至善至美的合格人才。调查研究发现：学校绿色文化发展不足，内涵不够充实，文化的呈现不足，与绿色文化相关的特色课程开发和实践不足，实施课程的体系、评价标准缺乏，绿色文化特色课程如何与学校的育人目标相融合，如何与学校的品牌建设相结合等都存在问题。基于此，课题组成员认真讨论，认为研究核心是基于学校绿色特色文化，继续编写与此相适应的学校特色课程；研究课程如何开发和实践。课题组还认为：一是开发绿色生态课程，与学校已经开发的课程形成互补；二是开发具有绿色内涵、可持续发展的德育课程，充实校本课程内容；三是研究绿色文化内涵如何在学科教学中有效渗透；四是研究课程开发与实践对学校品牌建设的影响。

（四）积极开展师生座谈访谈活动

为了更好地推动课题研究，课题组成员分别多次召开了教师和学生代表座谈会，讨论"绿善教育"课程如何建设问题。座谈师生提出了很多有益建议，建议多开发以"绿色"为主题的生态学校校本教育读本、学生品德教育读本等，并与原来的教育读本形成系列；完善活动课程的开展形式、评价形式，更好地发挥活动育人的效果；将绿色文化的核心理念融入平常的教育教学活动中，夯实文化基础，提升文化育人的效果。

（五）积极实践绿色活动课程

课题研究成员依托学校教导处、德育处、团委、少先队等部门，依据"广州市第一一五中学绿色行动指引"，完善了环境知识竞赛、公益宣传或义工活动、垃圾分类实践、认养花木、实践基地培育盆栽、征文或手抄报比赛、"尚绿"精神感想体会、"尚绿杯"演讲比赛、"尚绿杯"现场书法大赛、"尚绿杯"摄影大赛、学校环境小知识推荐活动、"尚绿杯"艺术家表演、"尚绿杯"学科周活动才艺展演等13门活动课程。并积极实践。为了收到更好的效果，我们设定了以下几个原则：

一是传承性原则。把《广州市第一一五中学绿色行动指引》中的项目活动传承好，一方面对传统项目充实提升，另一方面适度增加项目。

二是群体性原则。绿色文化开设的活动课程坚持以群体性参与为基础，达到"人人参与、人人受益、人人提升"的目标，在实现群体性目标的基础上适度追求先进性。

三是稳定性原则。活动课程的内容、完成的时间、评价标准等相对固定，让学生、老师心中有数，有利于活动的长期开展。为了更好地开展，我们把13门活动课程分为必修和选修，其中，7门必修，6门选修。要求学校在初中三年里，必须完成7门必修课程，至少完成3门选修课程。为了拓宽内容，我们还增加了"绿色环保铭句"征集，优秀的作品用作走廊、课室的环境布置；参与"绿点"组织的"旧衣服捐赠（废物利用）"等活动，丰富内容。

四是体验式原则。活动的开展要求学生亲自参与，通过动手、实践、探究、体验、亲身经历达成感悟、内化、提升的目的。学生参与活动的积极性高涨，反响热烈，如"小盆景栽培"活动课程很受学生欢迎，学生喜欢做一些小盆栽作品布置在课室或教师的办公室点缀，美化学习环境。为此，我们因势利导，一是精心指导，二是要求学生每人制作一件作品，三是将优秀作品在课室走廊和"尚绿廊"展出，提高学生参与的积极性。

五是个性化原则。根据学生完成活动课程情况进行登记、评分，活动的内容基本要求在初一初二年级完成，初三年级检查补齐活动任务，撰写对"绿色文化、培养善行"的感想或体会，评定结果作为毕业的参考依据。

在实践中，我们进一步研究活动与学生修养中"善"的关联，研究活动如何促进学生品德修养，如何促进学生成为至善至美的人才。

（六）编写及实践校本课程（读本）

课题组在实践中积极探索"绿善教育"特色课程开发。

一是完善"广州市第一一五中学绿色行动指引"，完善活动课程的内容、评价模式；积极探索开展系列活动，研究活动与培养学生"善行"关系。

二是结合学校实际，认真编写"环境教育读本""教育生命读本""感恩教育读本"等校本课程。校本课程编写后，积极实践，并在实践中不断完善。

九、研究结论及社会效益

本课题研究基于学校实际，着力夯实学校文化底蕴，打造更为鲜明的学校特色，符合教育生本理念，符合白云区提出的生态课堂理念，以绿色为核心的生态活动、开发的善绿课程，就是以关注学生生命为主的，能充分发挥学生的主体作用，使生本性原则、生命性原则、生成性原则均得到充分体现。

（1）优化了活动课程。研究组依托德育处、教导处、团委、少先队等部门，对学校的活动课程"广州市第一一五中绿色行动指引"进行再度开发，优化整合，完善和充实了其中的活动课程：环保知识竞赛活动、保护环境公益宣传活动、环保志愿者活动、实践基地培育小盆栽活动、"尚绿"征文比赛、绿色环保铭句征集活动、"尚绿杯"演讲比赛、"尚绿杯"现场书法大赛、"尚绿杯"摄影大赛、学校环境小知识推荐活动、"尚绿杯"艺术达人表演、"尚绿杯"学科周活动才艺展。这些活动已经成为系列，作为学生必修和选修活动课程，纳入学生的综合考核内容。

（2）课题组编写了"绿善教育"课程系列之"生命教育""感恩教育""中学生的健康饮食"，作为对校本课程的补充。这些读本得到学校认可，并拟在学校推广使用。"生命教育""感恩教育"主要作为学生品德修养课程，提供给班主任在班会课参考使用，也为学校德育工作者开展德育工作提供资料参考；《中学生的健康饮食》既可在第二课堂和社团中使用，也可作为班主任及德育工作者的健康教育参考资料。

（3）课题组成员积极实践，将"绿善"中的生态元素运用在教育教学中。一是对学生的教育更注重以人为本，注重学生的

雁阵文化的理念与实践

个性发展,注重师生关系的平等、民主、和谐。二是课堂积极践行生态课堂,以生为本,创设和谐的课堂氛围,激发学生兴趣。注重体验式、启发式教学。课题组成员还撰写了《初探绿色文化在语文教学中的渗透》《大德育理念下的学校绿色文化建设与研究》《浅谈在数学教学中进行学生绿色品质的培养》《浅谈绿色文化在学科教学中的渗透》等论文,课题组则撰写了《"绿善教育"特色课程的开发与实践研究》结题报告。

(4) 课题组提炼了课程开发的有益经验。

一是明确研究核心,本研究为学校特色文化与培养学生善的思想行为关系,要研究学校的办学思路和理念,研究学校的办学体系,才能推动研究开展。

二是研究人员要主动学习,善于反思,积极研究。课程开发与实施比较复杂,需要根据学校实际、学生需求、教师需要等不断调整和完善课程内容。

三是校本课程的开发要与研究性学习要整合。

四是课程的开发要整合学校教师、家长、学生的力量,得到他们的支持与配合,才切合实际。

(5) 本课题研究促进了学校对校园生态环境建设的进一步重视,校园绿树成荫,鲜花盛开,绿草茵茵,环境美丽优雅,氛围浓郁。校歌、道路与建筑物的名称、环境课程的结构等文化元素与校园地形地势、学生成长规律相吻合,由近至远、由表及里、由低至高,层层递进,浑然一体,绿意盎然。

(6) 本课题研究促进了师生相长。学生综合素质得到提升,教师的理论水平、课程开发能力得到提升,课程实施能力得到增强。

(7) 本课题研究提升了学生至善至美的精神风貌。实施系列课程,促进学生素质整体提升,学生举止文明,彬彬有礼;学生自主管理取得巨大进展,团干学干自主选举,择优录取;志愿者团队活跃于各个领域，为有序管理和大型活动提供了保障；礼仪队迎接师生入校，成为校园靓丽的风景线；课间活动，学生精神饱满，生机勃勃。学生在各项活动中都能找到自我，感受相互间的关心和帮助，体验成功的喜悦。

（8）课题研究促使学校更加注重绿色生态建设，育人方式更加注重生态和谐，更加注重学生"善"的培养，校园自然环境更加洁净优美，人文氛围更加浓郁，学生的环境知识丰富，环保意识明显提升，环保行为更自觉，文明素养显著提高；教师更注重言传身教，师生关系民主和谐，教学科研能力不断提升，学校教育品牌日益凸显，社会声誉不断提升。

十、研究创新之处

本课题基于学校实际，主要研究学校的绿色特色文化与育人之间的关系，研究学校的绿色特色文化通过课程形式来达到培养什么样的学生的目的，学校的绿色文化内涵是独特的，培养的目标也是独特的。因此，课题的研究成果有以下创新特点。

一是研究的过程有创新，课题组基于学校的实际开展研究，通过问题导向确定研究的内容和方法。通过调研，梳理出学校特色文化需要深入，需要进一步发挥文化育人的效应，而抽象的文化要通过具体的课程等形式渗透，因此，课题组确定研究的内容是：基于学校的绿色特色文化，开发相应的特色课程，实践特色课程；绿色文化如何在学科中渗透；如何进一步完善活动课程的开展等。

二是研究的成果是唯一的。研究组的理论成果如《初探绿色文化在语文教学中的渗透》《大德育理念下的学校绿色文化与足球文化融合》《浅谈绿色文化在学科教学中的渗透》等论文及《"绿善教育"特色课程的开发与实践研究》结题报告是课题组独自撰写的，具有唯一性。

三是开发的校本课程"生命教育读本""感恩教育读本""生态教育读本"也是唯一的,是课题组编撰的,仅供学校内部使用。

十一、课题研究不足及展望

课题研究虽然取得了一些成果,但仍存在不少问题。

一是研究者的理论水平和开发能力有限,课题组开发的课程质量不够高,体系不够完备,课程评价的严谨性、科学性不足。

二是研究在实践层面较多,理论成果不多且不成体系。

针对这些问题,课题组将会继续深入研究,在取得成果的基础上,继续开发和实施新的校本课程,研究课程体系和课程评价,争取更多成果。

参考文献

[1] 林崇德. 21 世纪学生发展核心素养研究[M]. 北京:北京师范大学出版社, 2016.

[2] 上海市教育委员会教学研究室. 我们的课程领导故事[M]. 上海:华东师范大学出版社, 2013.

[3] 范蔚, 李宝庆. 校本课程论:发展与创新[M]. 北京:人民教育出版社, 2011.

[4] 梁岚. 对中小学校园物质文化建设的研究[D]. 呼和浩特:内蒙古师范大学, 2007.

[5] 徐玉珍. 校本课程开发与校本化课程实施行动研究[M]. 北京:首都师范大学出版社, 2006.

[6] 刘旭东, 张宁娟, 马丽. 校本课程与课程资源开发[M]. 北京:中国人事出版社, 2003.

[7] 吴刚平. 校本课程开发[M]. 成都:四川教育出版社, 2002.

［8］王斌华.校本课程论［M］.上海：上海教育出版社，2000.

［9］范胜武.重构学校文化［M］.上海：上海教育出版社，2018.

［10］项红专.校园文化建设［M］.杭州：浙江大学出版社，2015.

［11］周婷.农村中小学校园文化建设的问题及对策研究：以都江堰市青城小学为例［D］.成都：四川师范大学，2009.

［12］教育部.中国学生发展核心素养［Z］.2016.

师资培训篇

基于学生核心素养的教师专业发展

广州市白云区嘉禾中学　范智娟

当前，世界各国教育聚焦于培养学生核心素养而展开各种研究和讨论。2014年4月，我国教育部印发了《关于全面深化课程改革　落实立德树人根本任务的意见》，为推动社会主义核心价值观融入教育教学，提出"各学段学生发展核心素养体系，明确学生应具备的适应终身发展和社会发展需要的必备品格和关键能力"。2016年9月13日，北京师范大学举行了中国学生发展核心素养研究成果发布会。这项历时3年权威出炉的研究成果，对学生发展核心素养的内涵、表现、落实途径等做了详细阐释。我国学生核心素养与学科核心素养的培养战略已经正式启动。在这一背景下，我们必须思考现代教师需要具备怎样的专业素养，开启怎样的专业发展之路。所谓教师专业发展，就是教师作为专业人员，要从专业思想、专业知识、专业能力和专业心理品质等多方面由不完善到比较成熟和完善的渐进化发展过程。

在《中国学生发展核心素养》中，"自主发展"是三个主要方面之一，"自主性是人作为主体的根本属性。自主发展，重在强调能有效管理自己的学习和生活，认识和发现自我价值，发掘自身潜力，有效应对复杂多变的环境，成就出彩人生，发展成为有明确人生方向、有生活品质的人。学会学习，主要是学生在学习意识形成、学习方式方法选择、学习进程评估调控等方面的综合表现，具体包括乐学善学、勤于反思、信息意识等基本要点。健康生活，主要是学生在认识自我、发展身心、规划人生等方面的综合表现，具体包括珍爱生命、健全人格、自我管理等基本要点。"

应当说，学生核心素养中的"自主发展"的建立和培育，首先依赖于教师的自主成长。教师自主成长的界定，众所纷纭，莫衷一是。与之类似的概念有教师成长、教师发展、教师职业生涯发展等。教师自主成长与教师专业成长既有差异，又有联系。教师成长可分为两个部分，即自主成长和专业成长。自主成长多与教师个体发展历程有关，以生活经验、成就或挫折、性别、年龄、社会状况、人格特质等因素为主导。专业成长更多突出工作性质，与职责要求、文化氛围、外部制度等因素有关。自主成长与专业成长之间也有交叉，一个人专业成长，未必会实现自主成长，而一旦实现自主成长，必定实现了专业成长。因为自主成长，意味着超出教师本身的意识和决定，是一种向上向善的内在需求，同时向着教师认为美好或理想的方向循环往复地发展下去。

教师专业发展需要动力，既需要外部动力，更需要内部动力，外部动力需要激发和推动，而内部动力则在于生长和创造。因此，教师的发展能否走向优秀、走向卓越，关键取决于内部动力的强弱，只有真正激发起教师自主发展的动力，他们才会走向专业成长的高地。

一、基于学生核心素养的教师专业思想的建立

经济合作与发展组织将"素养"界定为："个体在特定的情境下，能成功地满足情境中的复杂要求与挑战，并且能够顺利地执行生活任务，强调个体在复杂的生活环境之中，如何借由自我的特质思考、选择及行动，进而获致成功的生活或优质的生活之理想结果。""核心素养"就是个体在社会中生存与生活的最基本、最重要、最必需的素养。教育部在2014年4月印发的《关于全面深化课程改革　落实立德树人根本任务的意见》将核心素养置于深化课程改革、落实立德树人目标的基础地位。由此可

见,教师需要树立"教育要发展学生适应终身发展和社会发展需要的必备品格和关键能力"这一专业思想,并切实把它作为教师专业行为的理性支点。专业思想的建立,将会直接影响教师的知觉、判断等心理过程,从而引发其相应的有弹性的教育教学行为。

二、基于学生核心素养的教师专业知识的拓展

首先要弄清楚什么是核心素养。一方面,核心素养的内涵,不仅包括核心素养概念本身,还包括核心素养的上位概念如"素养""素质"和下位概念"学科核心素养"。另一方面,其特质是什么也要弄清楚。经合组织通过多学科的整合,归纳出"能互动地使用工具""能在异质社群中进行互动""能自律自主地行动"等方面的核心素养。关于学科核心素养,各学科有自己的独特性,比如,数学学科的核心素养为抽象,历史学科的核心素养为历史意识、历史思考与历史判断,美术学科的核心素养为图像识读、美术表现、审美态度、创想能力和文化理解。

其次要弄清为什么要拥有核心素养,其背景、目的是什么。国际上长期的研究表明,只有找到人发展的"核心素养体系",才能解决好生命有限与知识无限的矛盾,才能给学生打下坚实知识、技能基础的同时,又为未来可持续发展奠定基础。我国较少关注为学生个人发展和终身发展打基础。基于国内教育改革中遇到的问题以及国际上可供参考的经验,教育部在2014年印发了《关于全面深化课程改革 落实立德树人根本任务的意见》,提出了核心素养培养体系,具体回答了"培养什么样的人"的问题。教育工作要从学科中心转向育人中心,要从追求分数转到关注人的全面发展,转到立德树人。

最后要弄清怎么培养核心素养。一方面,坚持探究性的教与学,让学生学会认知。知识是必需的,但不是灌输给学生的,而

是学生通过探究获取的，要培养学生的思维能力。另一方面，坚持问题解决式教学，让学生学会做事。教师在教学的时候，应该想方设法创设问题情景，让学生调动已有的知识与技能或者学习新的知识与技能，参与到解决问题的过程中来，并在这一过程中通过观察、思考、想象、研究、操作、合作等方式，逐渐地形成核心素养。围绕这一思想，项目驱动法、任务驱动法、合作学习法以及像艺术家那样工作都是不错的选项。但无论哪一种方法，情境、问题、探究、合作都是其中的关键词。

三、基于学生核心素养的教师专业能力的发展

为了顺利地培养学生的核心素养，教师要格外重视教学设计能力、教学组织管理能力以及教学交往能力的发展。教师在进行教学设计时，根据学科核心素养的要求，对教学内容进行分析，形成基本理解，转化为驱动性问题，设计学生活动。要形成多角度、多层次，开放地进行设计的技能，既考虑对学生知识和能力的培养，又考虑对学生思想道德的培养；既考虑课内内容，又考虑课外内容。要熟练地运用生活经验和社会资源，包括21世纪社会、生活的实况，给学生解决实际问题。要通过教书实现育人，达成立德树人的目的。在课堂组织和教学中，要精心培养学生的学科核心素养。课堂的组织，展现课程的生成、学生对活动的参与和解决，是学生学科核心素养形成的主要途径。教师要具备相应的技能来指导学生，成为学生终身学习态度、方法与能力的指导者。在组织过程中，教师要具备技能，以求能够及时判断出学生的发展状态及需求，做出恰当的反馈和引导。还要培养学生的团队合作素养和个人自主自律行动等核心素养。教学交往能力包括与学生的交往能力和与教师的交往能力。与学生的交往，需要教师具备理解学生素养现状的能力、与学生沟通的能力，在班级授课制中还要具备协调学生人际关系的能力。与教师的交

往,除了与同事一起分享观念和新知,更要着力于教师间教育力量的整合。学生核心素养的养成离不开各学科核心素养的养成,各学科核心素养有其独特性,但也会构成学科群,承担核心素养的培养任务,为此,需要具备与其他教师密切而深入交往的能力。

四、基于学生核心素养的教师专业心理品质的培育

学生核心素养,要以知识为依托,让学生形成适应终身发展和社会发展需要的能力和品格。能力、品格、智慧、信念等正属于人的心理品质。应当说,培养学生核心素养,教师必须获得相应的专业心理品质的发展。要求教师在感知觉方面,面对复杂的生活环境能判断、会选择;在思维方面,保持思维的广阔性、动态性、创造性,学会自我思考,能够把知识综合化并用来解决问题;在情感方面,爱生、爱教育、爱国家,与人友好,能合作,共同解决问题或完成任务;在意志方面,坚强、百折不挠地面对各种情境,保持终身学习的动力;在性格方面,活跃、务实、稳定、积极。这些心理品质既促进自身的专业发展,又给予学生积极的影响,发挥一种定向指导作用,以此,才能真正将教师专业发展与学生发展核心素养相促进。

参考文献

[1] 熊焰. 校本教师专业发展研修手册 [M]. 天津:天津教育出版社,2012.

[2] 曹培英. 从学科核心素养与学科育人价值看数学基本思想 [J]. 课程·教材·教法,2015(9):40-43,48.

[3] 尹少淳. 文化·核心素养·美术教育:围绕核心素养的思考 [J]. 教育导刊,2015(9):17-18.

[4] 柳夕浪. 从"素质"到"核心素养":关于"培养什么样的

人"的进一步追问[J]. 教育科学研究, 2014 (3): 5-11.
[5] 钟启泉. 核心素养的"核心"在哪里: 核心素养研究的构图[N]. 中国教育报, 2015-04-01 (7).
[6] 马云鹏. 关于数学核心素养的几个问题[J]. 课程·教材·教法, 2015 (9): 36-39.
[7] 姜月. 基于培养学生核心素养的教师专业发展[J]. 教育导刊, 2016 (11): 59-61.
[8] 赵庭标. 自主发展: 走向专业成长的高地——南京东山外国语学校教师专业发展的思考与实践[J]. 江苏教育研究, 2015 (32): 7-10, 2.
[9] 窦桂梅, 胡兰. 基于学生核心素养发展的"1+X课程"建构与实施[J]. 课程·教材·教法, 2015 (1): 38-42, 48.
[10] 黄学军. 论学校特色发展的可能性及其局限: 兼对"李希贵之问"的回应[J]. 教育发展研究, 2015 (24): 11-14.
[11] 吴惟粤, 李俊. "发展学生核心素养"背景下的教师培训课程[J]. 课程教学研究, 2016 (8): 9-16.
[12] 朱旭东. 论教师专业发展的理论模型建构[J]. 教育研究, 2016 (6): 81-90.

新建九年一贯制学校的发展策略探究
——以广州市白云区东平学校为例

广州市白云区东平学校　胡　蓉　李柯柯

《国家中长期教育改革和发展规划纲要（2010—2020年）》提出，"树立系统培养观念，推进小学、中学、大学有机衔接"。"九年一贯制"是小学、初中联合办学，使九年义务教育成为一个连续的、系统的、整体的学制模式。九年一贯制为学校系统培养人才提供了可能性，为小学、初中的有机衔接创造了条件。广州市白云区东平学校作为一所新建九年一贯制学校，在实际办学中遇到了许多亟待解决的问题。因此，分析该校九年一贯制学校办学的优势、困境与出路，有其现实需要，也有其必然要求。

一、九年一贯制办学体制对广州市白云区东平学校发展的有利条件

九年一贯的学校管理制度不仅可以提高教学水平，而且是国家推行素质教育的重要方式。九年一贯制办学模式对教学资源优化、教学特色巩固、学生素质提高等方面都具有积极作用。

（一）有利于教师的统筹调配

由于教师资格证规定，任教学段就高不就低，初中教师可以调配到小学进行相关学科的任教，但是小学教师不可以到中学去任教。目前学校教师资源相对紧缺，仅有4名专业的初中教师在岗位上进行教育教学，目前学校已调用部分小学教师协助管理初中教学。在学科性缺编的情况下，艺术科的教师已经按照九年一

贯制进行排课。

（二）有利于义务教育的均衡发展

九年一贯制学校由同一套班子进行管理，可以将教育理念贯穿在小学和中学的教育教学活动中，尤其是六年级的小学生面临毕业时，可以让家长免去升学的焦虑，尽量留在熟悉的环境继续读书。对七年级的学生也有利，至少不需要跑到很远的地方去求学，这样对孩子保持充沛的精力是有好处的，而且有利于家长就近了解孩子在校的学习情况。

（三）有利于中小学的衔接

学校尝试安排任教初一的老师去讲课，让学生体会不同教师的教育方法，提前适应初中的学习节奏。由于目前只有初一的学生，等初中三个年级完成招生后，学校会调节六年级的生活节奏，尽量与初中同步，并参考初中的作息时间和课堂模式完成相应的学习任务。这样的中小学衔接就会让学生更好地适应初中的生活，为初中的学习提前做好准备。

（四）有利于场室的资源共享

一些具有共性的场室可以进行共享共用，例如足球场、篮球场、音乐室、舞蹈室、美术室、多媒体室等，只要注意调整好上课时间，错开不同年级就可以让场室发挥最大作用。

（五）有利于孩子的个性发展

在九年一贯制学校里，小学毕业生没有升学压力，可以在小学期间发展自己的兴趣特长。学校在小学开展特色课程，学生在小学阶段可以每年学习一门自己感兴趣的特长，例如，现在学生每周二下午学习的舞蹈、语言艺术、尤克里里、葫芦丝、跆拳道、书法、美术、硬笔练字等。学生在完成课堂学习任务之余，还可以增长许多课外知识。这样一来，即使升到初一年级就读，还可以在自己的兴趣爱好方面继续发展下去，不会因为升学而不得不放弃自己的爱好。

二、广州市白云区东平学校九年一贯制办学面临的困境

（一）行政人员的压力倍增

学校作为一所新建九年一贯制学校，办学初期没有经验，行政人员面对各项新增的基建任务、校区内的布局调整、课程的设置安排等都需要更加深入的思考，例如上课铃声的统一设置（小学和初中在同一栋教学楼），教师课程的编排（小学每天只有六节课，初中每天有八节课），我们经过反复研究，整理出最适合的安排才能组织落实下去。

（二）教师的绩效考核需要重新考量

在原来的绩效考核方案中，我们对小学教师主要侧重于学生综合素质的提升，具体量化在学生获奖和教师获奖方面。但是，初中教师的绩效考核重点就应该放在教学质量的监控方面。在同一个学校，绩效考核要进行人员的重新安排，制定出两套考核标准，岗位职责需要进一步明确，这样的改变要教师大会通过才能具体实施。

（三）学生的德育管理要进行一定任务目标的区别对待

小学阶段的德育管理主要针对行为习惯和学习习惯的培养，在初中阶段要延续小学的德育目标，还要增加理想信念教育，毕

竟学生始终要面临人生第一搏，中考是他们能否升上高中就读的关键因素。所以在初中的德育管理中增加了心理辅导和励志教育，让初一级的学生制订三年发展计划，每一天都努力朝着自己的目标奋斗。

（四）教师的协调分工存在一定的困难

在教师职称评定、岗位设置等诸多问题上，学校需要对初中和小学的教师进行不同的衡量，有可能会引起教师内部的对比。九年一贯制的教师队伍管理要用两把尺子来进行衡量，需要对教师做好充分的思想沟通，避免绩效分配时引起不必要的内部矛盾。

（五）校园文化设计要同时兼顾中学和小学的特点

中学生和小学生在同一个校园内学习，如何让学习氛围同时满足不同年龄的学生，目前尚在思考中。学校的办学理念也要进行相应的调整，体现在学校的各个角落，使中小学生在校园内能够感受到良好的环境氛围。

三、广州市白云区东平学校未来发展的可行路径

（一）行政班子要不断提升管理水平

对于只熟悉小学教育，不熟悉初中教学的学校管理者来说，多走出去，学习优秀办学单位的成功经验是关键。目前由指导中心搭建平台，学校和周边的两所优质初中形成结对帮扶团队，从校级到中层，都在不定期地组织学习，使得班子成员能够尽快转变教育观念。

（二）专家引领促成长，办学理念要调整

原来的小学教育理念，对初中生就不一定适合了。学校积极

寻求专家的指点，目前学校与广州市教育研究院已建立紧密联系，并申请成为战略发展研究基地。在办学理念的提炼方面，学校请广东省教育专家帮助指导修改。九年一贯制的办学理念如何覆盖中学和小学，是一个全新的命题。学校希望将原有的教育和办学理念在不同阶段延续。

（三）教师的培训需要与时俱进，加强学科间的互通

在现有的初中教师中，新分配的大学生符合任职资格，但是，新教师没有相应的教育教学管理经验，需要跟着小学部有经验的教师多学习，逐渐积累自己的管理经验。尤其是初一年级的教师可以从五年级一直跟进到初一，这样对中小学的衔接是最有利的。现有的4名初中教师无法进行正常的教研活动，每个学科只有一位教师，我们就提倡打破学科界限，进行大学科的探讨。

（四）数据分析引领师生前进，扶优补差要分段进行

在小学质量分析中，我们很少直接对学生进行细致的分段研究，但是对于初中生，我们的数据分析对指导教学工作有着非常重要的作用。在课堂教学中，可以围绕失分较多的地方进行针对性的讲解。在培优辅差的过程中，也能够分段进行，每个学科有不同的群体可以进行研究。

此外，九年一贯制学校办学作为一种趋势，还应从以下几个方面进行打造。第一，整合教育资源，最大限度地发挥教育资源的效益，真正实现小学与初中教育的有效衔接，更好地落实和保障小学毕业生免试就近升学的求学权益；第二，在学校文化建设方面，应注重整体性；第三，在课程资源方面，应构建纵向一贯、横向拓展的课程体系。

围绕九年一贯制办学的有利和困惑，学校还在不断地思考中，为了满足每一个学生的发展，需要兼顾各个方面的平衡，其

中，最关键的是要抓好教师队伍的建设，让教师在中学部和小学部的工作能够协调起来，不要因为对内部分工有误解而影响队伍的团结。同时，需要专家团队的指导，多了解九年一贯制办学的成功经验。每一个学校的实际情况都有不同之处，他山之石，可以攻玉，我们努力办好人民满意的教育，力求将九年一贯制学校的优势进一步发挥出来，让中小学教育衔接得更好。

参考文献

［1］钟广杰. 九年一贯制学校的管理模式探讨［J］. 考试周刊，2016（65）：159.

［2］何英茹. 九年一贯制更有利于中小学衔接［J］. 中国教育学刊，2015（12）：93 - 94.

［3］孟宪彬. 对九年一贯制办学背景下"有效学校"建设的研究［J］. 中小学管理，2013（3）：30 - 32.

核心素养下初中数学教学中学生归纳意识的有效培养

广州市白云区石井中学　苏华强

心理学家的研究表明，人的记忆并不能持续太久，如果不进行复习和重复记忆，很难做到长时间记忆。而初中数学作为一门较复杂的、逻辑性很强的学科，很多知识点学生别说长时间记忆，能够记住并运用就需要付出很多的努力。而这种学习难度，实际上也是源于学生很少进行数学知识的归纳，缺乏对数学知识之间逻辑思维的梳理和总结。通过知识点的归纳，初中生能够更加清晰和长久地记忆数学知识点，在归纳中也能清晰各个知识点之间的联系，这对初中生提升自己的数学成绩和数学核心素养作用极大。

一、初中数学教学中学生归纳意识培养的重要性

对于很多初中生而言，数学都是一座较难攻克的大山。虽然不至于一点数学知识都学不到，但想考取较好的成绩，能够融会贯通地运用数学知识，却需要付出很多的努力。很多学生在三年学习结束后，甚至不知道很多数学知识之间存在着不可分割的关系，能够相互转换进行运用。由此可见，在当前的初中数学教学中，学生对数学知识的归纳和总结很少，没有充分掌握数学知识中的各种逻辑关系。从这一点来说，在初中数学教学中培养学生的归纳意识十分重要。另外，学生具备一定的归纳意识后，会不断对所学知识点进行归纳和梳理，进而在长久记忆数学知识的基础上，初步具备一定的数学逻辑思维，在提升自己数学成绩的基础上良好地运用数学。初中生进入高中后，会发现高中数学的难

度要更上一层,若是缺乏归纳意识,高中数学学习将会成为学生无法超越的又一座大山。因此,初中数学教学中培养学生的归纳意识,对其将要进入高中轻松学习数学也很重要。

二、初中数学教学中学生归纳意识培养的策略

(一)通过案例展示归纳在数学学习中的重要性

因为初中生最初对归纳并没有清晰的概念,所以初中数学教师在培养学生的归纳意识时,应先选择一个知识点对归纳进行演绎,让学生了解归纳及其对学习数学的重要性。

例如,在学习北师大版初中数学七年级上册《有理数及其运算》时,针对其中有理数的乘方及有理数的混合运算的概念问题,我是这样进行教学设计的。

师:同学们,你们会玩国际象棋吗?你知道国际象棋棋盘上有多少个格吗?

生:64个格。

师:说得非常对。关于国际象棋还有一个小故事,你们知道吗?

(课件出示)教材启动动画:

国王说:你发明了国际象棋,我要对你予以奖励,你想要什么?

发明人说:"我只要谷粒。"

国王笑了笑,说:"没问题,我们国家有好多粮食,一定能满足你的要求。你要多少?"

发明人继续说:在象棋盘的第1格放1粒谷粒,第2格放2粒谷粒,第3格放2^2粒谷粒……

亲爱的同学们,发明人应该得到多少谷粒?你们说国王能满足他的要求吗?

师：同学们，你们能算出发明人一共要了多少谷粒吗？你知道怎么列式吗？

同桌之间相互交流，然后找学生说说所列的算式：

生：$1+2+4+8+\cdots+2^{63}$

师：那我们怎么解这个算式呢？

学生可以先说一说自己的想法，然后在教师的引导下进行如下计算。

解：设 $S=1+2+4+8+\cdots+2^{63}$

$\qquad = 1+2^{1}+2^{2}+2^{3}+\cdots+2^{63}$ ①

则 $2S=2^{1}+2^{2}+2^{3}+\cdots+2^{63}+2^{64}$ ②

由②—①，得 $S=2^{64}-1$，

所以，$1+2+4+8+\cdots+2^{63}=2^{64}-1$。

师：通过计算，我们会发现这个数是非常大的。假设一粒谷粒的质量约为 0.02 克，那国王要支付给发明者的粮食将远远超过全国的总收成。关于上面的计算，你会发现像 2^{63} 这样的数计算起来有点麻烦，这就和我们今天所要学习的内容有关——有理数的乘方及其运算。

在学习正数与负数的概念问题时，教师可结合天气预报中的温度这一学生比较熟悉的事物，利用多媒体技术创设情境，和天气相关的问题学生往往非常熟悉，因此能够提高课堂学习的专注度。教师也可以向学生提供一个家庭每个月的经济收入开支表，在这个材料的基础上，要求学生调查自己父母每个月的经济开销和经济收入……教师通过创设问题情境，引导学生注意观察日常生活现象，从感性材料中逐渐归纳出对正数、负数这两个数学概念的理性认识，从而培养学生的归纳意识。在初中数学课堂教学的过程中创设问题情境，能够使学生感悟生活中存在的数学知识，通过形象思维的形式来归纳正负数的概念，这样对提升学生的归纳意识具有很大的推动作用。

（二）在教学中将数学题归类，以此让学生懂得归纳

在初中数学教学过程中，归纳思想是一种较为常见的思想，也是教师在教学过程中经常会用到的教学思想，其在数学学习中也有着得天独厚的地位。数学本身就是一门知识较复杂的学科，其中所存在的内容较多，知识点也错综复杂，即使是数学学霸，在学习过程中也会遇到困难，更何况是初中阶段的学生。针对这一现象，教师在对初中生进行数学教学的过程中，就可以应用归纳思想来对学生进行教学，让学生懂得如何将数学中所存在的知识点和习题进行分类和归纳，从而真正实现培养学生归纳意识这一目的。此外，在数学学习过程中，学生如果能够准确地对数学知识点和习题进行分类处理，学生在实际考试过程中也就不会出现找不到突破点等情况。为此，教师在实际教学过程中，可以故意选择一些学生容易混淆的习题对学生进行归纳讲解，以此帮助学生养成正确的归纳意识。

例如，在《二次函数图像的平移》教学过程中，教师可以先复习次函数的概念，并简单讲解一下二次项系数 a 对函数图像的开口方向与形状的影响，再进行二次函数图像的关系教学。首先，可以向学生提出两个问题：一是请在直角坐标系中画出次函数 $Y=x^2$ 和 $Y=x^2+3$ 的图像；二是观察上述两个图像的图形开口、形状、对称轴以及顶点坐标等，并找出异同点。学生画出两个函数图像之后，通过观察会说出两个图像的开口、形状以及方向相同，对称轴均为 Y 轴，但是顶点坐标不同，分别是（0，0）和（0，3）。此时，教师便可以让学生从运动角度观察这两个图像，函数 $Y=2x^2$ 要通过怎样的变化转变为 $Y=2x^2+3$ 呢？学生根据所画的两个图像对比，会说出向上平移 3 个单位长度可以获得。此时，教师便可以再列出一个关于 $Y=2x^2-1$ 的图像，并让学生分析这一图像如何变换成另外两个图像，最后再逐渐引出关

于 $Y=ax^2$ 和 $Y=ax^2+k$ 的关系，并让学生总结出平移的方向与距离等概念。通过这种教学课堂，可以让学生在动手绘画直角坐标系和两个函数图像之后，从视觉上进行对比，并在教师的引导上，逐渐发现相应的特殊性，最后归纳总结，探索出二次函数左右平移的规律和概念。

再如，教师在对学生讲解"圆和直线"相关内容的过程中经常会发现，学习到后期时，学生很容易将圆和圆的位置关系、直线和圆的位置关系混淆。在解题过程中，题目明明是对直线和圆之间的位置关系进行研究，有的学生却使用"包含"，这表明学生在学习过程中很好地掌握了相关知识，最终却在解题上出现了混淆。针对这一现象，教师在实际教学过程中就可以将一些较为典型的有关于圆与圆、直线与圆关系的题目展示出来，在课堂上向学生进行讲解和分类，以此帮助学生明白自己出错的地方，同时引导学生对一些题目进行归纳和整理，这样就能有效地促进学生归纳意识的提升。

在初中数学教学过程中，归纳意识对解题也有着非常重要的作用，教师要想提高学生的问题解答能力，就一定要在教学过程中让学生养成良好的归纳习惯。在之后的章节测试中，学生会发现自己之前归纳过的知识点的确记忆清晰。这时教师再对归纳的重要性进行引导，相信学生肯定能意识到归纳对数学学习的重要性，进而初步具备归纳意识。

（三）引导学生自主思考，让学生在思考中学会归纳，强化学生的归纳意识

新课改实施之后，学生主体地位就一直在教学中被反复提起，而学生在归纳意识培养过程中，其主体也应该是学生自己，因为只有学生自主归纳，其归纳意识才能得到有效的提升。针对这一点，教师在实际教学过程中就可以积极引导学生进行自主学

习和思考,通过自主学习模式对学生进行教学,让学生在任务当中进行思考和讨论,这样学生就能在自主学习过程中提升自学能力以及归纳意识。相信很多初中生在做数学题的时候都会遇到这样一种情况:经常会遇到几个思路相似的题目,或者知识点相同的题目,这些题的解法大致相同,但也存在一定的不同之处。这类题基本上就属于同类型的题。

例如,在教学过程中,我们曾遇到过这样两道题目:

(1)已知:如图①,直线$AB/\!/ED$,求证:$\angle ABC + \angle CDE = \angle BCD$。

(2)当点C位于如图②所示位置时,$\angle ABC$、$\angle CDE$与$\angle BCD$存在什么等量关系,并证明。

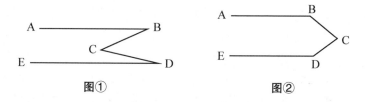

图①　　　　　　　　图②

我是这样设置教学流程的:
(1)学生独立审题,寻找解题思路。
(2)独立完成,小组交流。

(本题题型,辅助线作法,在之前的学习中,学生已经有所涉及,建议学生独立完成解答,小组讨论,交流不同的解题思路。)

生1:图①过点C作$CF/\!/AB$,然后根据两直线平行内错角相等的性质来证明……;图②过点C作$CF/\!/AB$,然后根据两直线平行同旁内角互补的性质来探究……。

生2:图①还可以过点D作$MN/\!/BC$交AB延长线于M,根据两直线平行同位角相等得到$\angle ABC = \angle M = \angle EDN$,再根据两直线平行内错角相等证明……；图②还可以过点 D 作 $DF/\!/BC$ 交 AB 于 F，然后根据平行的性质来探究……。

生3：还可以过 B 点作 CD 的平行线……。

师：本题方法较多（学生2、3方法课件不出示），教师要给学生充分的时间思考和小组讨论，教师巡视的时候可以适当引导尝试多种方法解答。

（3）学生独立写出证明过程。

（4）总结交流。

这两道题目是平行线中常见的两个模型，我们称第一个为"M"型，第二个为"漏斗"型，以后在做题过程中，可以抽象出这些模型，方便解题。

这两道题都属于同类型的题。如果学生没有对数学题归纳的意识，就会发现自己虽然做过同类型的题，但依旧不知道这道题如何解答，甚至知道思路还会出错。这时教师可以告诉学生，要学会对自己做过的一些典型数学题、易错题进行归纳，将相同知识点的题归纳到一起，将同类型的题也归纳到一起，并总结它们之间的相同关系和不同关系，进而清晰地区分每一道题的具体解题方法。这样学生就能清晰地分清两个同类型题目之间的区别，不会再对解题思路和知识点进行混淆，作业中和考试中的易错题数量也会逐渐减少。相信学生认识到这一点之后，会真正地意识到归纳对初中数学学习而言，是必不可少的一种学习方法，进而经常对知识点进行归纳，并提升自己的归纳能力。

三、结语

培养初中生在数学学习中的归纳意识，使学生具备较强的数学知识归纳能力，对培养学生的数学核心素养尤为重要。当学生具备较强的归纳能力后，其数学学习能力和应用能力也会得到加强，因此，教师不可忽视学生归纳意识的培养工作。本文主要从三方面进行了简单的探讨,主要是基于个人经验进行分析,可能存在一定的不足之处,各位同行教师在借鉴的过程中,应根据本班级实际教学的需要进行整改,希望能为同行教师提供一些有意义的参考。

参考文献

[1] 卢赋威. 初中数学教学中学生归纳意识的培养策略研究[J]. 新课程(中学),2018(4):211.

[2] 胡定烓. 探讨在初中数学教学中学生归纳意识的有效培养路径[J]. 文理导航(下旬),2018(1):14.

[3] 金建芳. 高中数学分析和解决问题能力的组成及培养策略[J]. 数学学习与研究,2015(5):46.

附录

广州市钟荣岳名校长工作室工作方案

钟荣岳

根据广州市教育局穗教师资〔2012〕《关于印发广州市名校长工作室、名师工作室和特级教师工作室工作意见的通知》和广州市教育名（专）家、名校长工作室主持人培训项目，专家、教授的指导意见，为更好地做好本工作室的工作，充分发挥工作室主持人的示范引领和辐射带动作用，调动工作室成员的积极性，提高工作室成员及网络成员的专业素养和业务能力，加速工作室成员的成长，为推动教育事业的发展做出更大贡献，特制订本方案。

一、工作室基本情况

本工作室成员共5人，全部来自白云区初级中学（含一所九年一贯制学校），其中，正校长2人，副校长3人，高级教师3人，一级教师2人。本工作室设置在金沙洲广州市白云中学（南校区）内，该校是广州市示范性高中、广东省一级学校、广州市教师继续教育培训基地。校内设有省、市、区名教师、名校长、名班主任等工作室6个。该校现有物理正高级教师1人，数学特级教师1人，高级教师34人；教学班36个，学生1700多人。

二、工作室建设与管理

（一）工作室理念

厚积薄发，智圆行方；白云雁阵，鸣响珠江。

工作室文化：雁阵文化。

1. 什么是雁阵

雁阵意为群雁飞行时排列整齐的行列队形。

雁阵的溯源：成列而飞的雁群。〔唐〕王勃《滕王阁诗序》："雁阵惊寒，声断衡阳之浦。"〔宋〕陆游《幽居》诗："雨霁鸡栖早，风高雁阵斜。"〔金〕王特起《喜迁莺》词："千里，关塞远，雁阵不来，犹把阑干倚。"〔清〕李绿园《歧路灯》：只缘花底莺鸣巧，致令天边雁阵分。〔清〕文康《儿女英雄传》第四回："一天晓月残星，满耳蛩声雁阵。"

雁阵比喻：活泼，遵守纪律，有秩序；形容人多，心往一致，朝着一个方向走去。

2. 什么是雁阵文化

雁阵文化强调积极地缔造世界上最优秀的团队，帮助企业、团队、单位、家庭，打造最伟大最有执行力的团队。

雁阵文化代表：有价值的目标。帮助团队每个成员建立明确、长远、共同的目标，明确长远的方向；一定要有成功的信仰，帮助团队每个成员下决心，排除万难，争取胜利；正面鼓励，帮助团队每个成员只发出一种声音"加油"，彻底实现"零抱怨"；团队精神，不乱的团队秩序，帮助团队每个成员遵守规则，持之以恒；百分之百的责任心，团队力量的最大化，超级默契的配合，实现团队最大效率；全力以赴协助同伴，实现团队每个成员永不掉队；忠诚的团队，实现团队每个成员永远都是最棒的成员；帮助团队每个成员有能力、有信心、在团队的配合下，独立完成个人目标，实现团队目标；与时俱进，不断改革，积极创新。根据实际情况，将雁阵文化迁移、渗透到工作室、学校管理和教育教学工作中，形成雁阵教育理念，彰显雁阵文化，旨在获取更丰硕的成果。

工作室愿景：让校长成为师生的影子（如影随形），让学校变成孩子的乐园；关心每一位学生的成长，引导学生具有团队精神；让教育发生得更加真实自然，让师生具有雁阵文化的特征。

具体目标：

(1) 通过"名校长工作室"搭建校长交流学习的平台，在动态中列阵翱翔，促使工作室成员成为研究型、专家型校长或优秀学校管理者，适应新时代中国特色社会主义学校办学的要求。

(2) 通过学习研究实践共同体的建设，彰显成员所在学校的办学特色，提升学校办学内涵。

(3) 以成员学校的办学理念和实践为主线，进行广泛的交流研讨，以互相启发，相互借鉴，共同提高。

(4) 以开展课题研究为切入口，工作室申报市级课题研究，并完成有较高质量的研究报告、专业论文或专业著作，力求做好"三个结合"：课题研究与促进学校特色发展相结合，课题研究与提高成员学校办学水平相结合，课题研究与提升工作室成员领导水平相结合。

(5) 以充分发挥名校长的引领、示范、辐射作用为根本任务，通过组织成员开展专题讲座、课题研究、交流研讨等形式，促进成员的专业成长，促进成员学校的健康持续发展。

（二）工作室机构建设

(1) 工作室办公地点：广州市白云中学（南校区）内。

(2) 工作室资源：发挥校内有多个工作室的优势，立足白云区，依靠高等院校，专家专业引领，充分利用信息技术形成线上线下共同研修的培训模式。

(3) 工作室主持人、工作室团队、培养对象及具体分工见附表。

附表　工作室主持人、工作室团队、培养对象及具体分工

工作室主持人		工作室团队、培养对象			
姓名	职责	团队成员/培养对象	姓名	单位	具体分工
钟荣岳	主持指导组织协调	培养对象	范智娟	嘉禾中学	工作室理念确定、具体措施及做法
			苏华强	石井中学	工作室场地建设、后勤服务及实践保障
			张宝富	同和中学	制定工作室管理制度、学习评价及经费管理
			谭家在	市第一一五中学	工作室品牌形成（工作室定位及特色、培养对象目标、工作室成果及宣传推广）
			胡蓉	东平学校	工作室成果凝练（工作室活动开展及展示、培养对象课题研究成果及论文收集出版）

（三）工作室制度建设

为了确保工作室各项工作有效开展，工作室成员须遵守下列制度。

1. 工作室学习制度

（1）理论学习。工作室主持人定期向成员推荐理论学习内容（专刊、文件、教育专著等），集中理论学习和个人自学相结

合,线上学习与线下学习相结合,并通过集体讨论(每学期一次)、撰写读书心得或读后感等方式反馈学习情况。

(2)目标管理。工作室成员根据实际情况,确立发展目标:每一个周期内公开发表至少1篇论文;理论联系实际,把所见、所学、所悟与本人所在学校的实际相结合,制定出具体的问题解决实施方案;积极完成工作室安排的各项学习任务。

(3)会议管理。工作室的日常管理主要以会议形式呈现,每学年召开一次学习规划会,主要讨论本年度的学习研究规划,明确每位成员的阶段工作目标和学习任务;每学年召开一次总结会,针对一个阶段的学习进行梳理,总结收获,反思得失,展望未来;每学年召开一次研讨会,针对学员在理论学习、实际工作中出现的共性问题进行集中研讨,集思广益,共同成长;每个学年1~2次现场会,在学员学校进行,借他山之石,取长补短。

2. 工作室管理制度

(1)工作室名称:钟荣岳名校长工作室,并建立微信工作群和QQ工作群,有利于成员之间的联系。

(2)工作室组织机构:

主持人:钟荣岳校长

成员:	范智娟	嘉禾中学校长	数学高级教师
	苏华强	石井中学副校长	数学一级教师
	张宝富	同和中学副校长	思政高级教师
	谭家在	一一五中副校长	语文高级教师
	胡 蓉	东平学校校长	英语一级教师

(3)工作室成员职责:积极参加工作室组织开展的各项教育管理研究及实践活动;担当起工作室分配的任务;协助主持人完成各阶段的工作目标和调研工作,及时做出诊断、评价与指导;准时参加工作室各项活动,无特殊情况不得请假;接受主持

人的检查评估，及时汇报工作；及时总结并推广先进管理经验和成果，传播先进的教育管理理念和管理方法；完成负责人交办的其他任务。

（4）建立工作室档案管理制度。由专人负责，工作室成员的计划、总结、讲座、课题、论文、学习、活动台账等材料及时收集、存档，为个人的成长和工作室发展提供依据，同时作为接受年度考核和3年总结性考核资料。

（5）建立考勤制度。工作室成员平时学习以自学为主，同时要根据研究方向，确定主题，并利用工作平台（QQ群和微信群）交流学习心得。处理好自身业务进修与学校正常工作的关系，按时完成任务，若不能参加活动，必须提前请假，不能无故缺勤，并将考勤情况计入学员学习档案。

3. 工作室成员评价制度

名校长工作室每年对成员进行一次年度考核，每周期三年，每周期结束后进行周期考核。

（1）考核内容。一是工作态度，参与过程的表现情况；二是参加学习、培训，在本工作岗位上取得的成效；三是主持人和成员的研究成果等。

（2）考核形式。一是查看原始材料；二是听取成员的汇报；三是听取成员所在地教育行政部门的评价，开展同行调查；四是深入成员学校实地考察。

（3）工作室成员每人每学年至少开设讲座（报告会、研讨会）不少于1次；一个周期在市级以上刊物至少发表论文1篇；每学年至少读1本教育专著；一学年撰写至少1篇围绕课题管理反思、教育案例或教育随笔；工作周期内必须独立完成或协助主持人完成至少1个市级以上研究课题。

（4）考核等次。年度考核和周期考核结果分为优秀、合格和不合格三个等次。

雁阵文化的理念与实践

（四）工作室品牌建设

1. 提炼正确的办学理念

每位校长成员提炼出清晰的办学理念，办学定位准确，核心是适合学校及区域发展实际，体现学校内涵发展，能推动学校发展。

2. 打造高素质的团队

建设一支理论水平高、实践能力强的团队，团队成员积极进取，团结合作，有想法，有特色，有创新精神，每年都取得成果。每位成员都能在各自岗位上发挥较显著的作用。

3. 建立先进的工作室制度

建立健全工作室制度，制度内容科学合理，切实可行，执行到位。

4. 拥有广泛的成果

每位成员应努力工作，快速成长，取得广泛的成果。每位成员在周期内有科研课题或1篇论文发表，工作室3年内有1本专著或成果集出版，结业时逐步形成自己的教育思想，能起到示范及辐射作用。

5. 形成品牌效应

工作室注重品牌建设，每位成员应内提素质、外塑形象，提高理论水平和实践能力，逐步在区域内形成影响。工作室及时提炼成果，通过多种形式推广宣传，扩大影响，提升示范效应。

（五）工作室成果凝练

在为期3年的名校长工作室发展过程中，成员之间要加强互动交流，争取学有所成，凝练学校成果，主要在以下方面进行展示。

1. **主题宣传册**

做好学习资料的收集和整理，图片资料和文字阐述相结合，展示学员积极努力学习的精神风貌。

2. **校园特色活动展示**

以创新教育理念为主题，将各成员学校的特色活动进行集中展示，通过美编等进行宣传推广。

3. **工作室成果集**

学员在每学年都提炼自己的学习感悟，争取在期刊上发表，形成主持人和成员学校管理、教育教学总结与反思、教育科研课题、论文等成果集出版，书名另定。

（六）工作室示范引领

名校长工作室的示范引领要站在一定的理论高度，解决 what 和 how 的问题。建立学习型的组织，注重成员的专业提升，优化学校管理，创新学校品牌，具体体现在以下几个方面。

1. **学员专业素养提升显著**

通过导师的精心指导，学员能够提升综合素质，在专业发展方面更进一步。争取3年内培养出一位广州市名校长，或有一名学员成为正高级教师。

2. **学员所在学校的教育教学成绩显著提升**

学员的理论水平要运用到实践管理中，尤其体现在学校的教育教学综合水平的提升上。

3. **学校品牌形象更加凸显**

作为成员学校，要在特色发展的基础上向品牌迈进，使得学校的美誉度和品牌度不断提升。

2018年12月22日

注：2019年，白云区教育局建立了白云区钟荣岳名校长工作室，工作室成员有：广州市第六十七中学副校长梁镜波，白云区竹料第一中学副校长陈伟权。区名校长工作室建立后，两工作室成员统一要求，开展工作。